基于创新链的复杂系统创新与应用

刘思伟　徐素梅　贺　川　著

北　京
冶　金　工　业　出　版　社
2018

内 容 提 要

本书针对创新链研发环节，将TRIZ方法、工业工程方法和仿真方法融合，基于神州普惠自主研发的“普惠环”仿真一体化支撑平台进行功能扩展，通过多次迭代设计与试验，有效地缩短了复杂系统研发周期，提升复杂系统研发创新的整体效能。系统可以满足军用领域复杂系统设计、武器装备研发和创新需求，同时可进一步在民用市场进行推广和应用。

本书可供仿真领域的专业技术人员阅读，也可供对创新感兴趣的读者参考。

图书在版编目(CIP)数据

基于创新链的复杂系统创新与应用／刘思伟，徐素梅，贺川著．—北京：冶金工业出版社，2018．2

ISBN 978-7-5024-7726-4

Ⅰ．①基…　Ⅱ．①刘…　②徐…　③贺…　Ⅲ．①技术革新—研究　Ⅳ．①F062．4

中国版本图书馆CIP数据核字（2018）第013244号

出 版 人　谭学余
地　　址　北京市东城区嵩祝院北巷39号　邮编　100009　电话　(010)64027926
网　　址　www.cnmip.com.cn　电子信箱　yjcbs@cnmip.com.cn
责任编辑　郭冬艳　美术编辑　吕欣童　版式设计　孙跃红
责任校对　卿文春　责任印制　李玉山
ISBN 978-7-5024-7726-4
冶金工业出版社出版发行；各地新华书店经销；三河市双峰印刷装订有限公司印刷
2018年2月第1版，2018年2月第1次印刷
169mm×239mm；9.5印张；185千字；143页
40.00元

冶金工业出版社　投稿电话　(010)64027932　投稿信箱　tougao@cnmip.com.cn
冶金工业出版社营销中心　电话　(010)64044283　传真　(010)64027893
冶金书店　地址　北京市东四西大街46号(100010)　电话　(010)65289081(兼传真)
冶金工业出版社天猫旗舰店　yjgycbs.tmall.com

前　言

2014 年 9 月，国务院总理李克强在夏季达沃斯论坛上发出“大众创业、万众创新”的号召；几个月后，又将其写入 2015 年政府工作报告予以推动。2017 年 4 月，联合国大会通过设立“世界创意和创新日”决议，将每年 4 月 21 日指定为世界创意和创新日，呼吁各国支持大众创业、万众创新，该决议在联合国大会通过，凸显了创新已成为推动经济社会可持续发展的重要动力，且获得广泛国际共识。为了到新中国成立 100 年时把我国建成富强、民主、文明、和谐、美丽的受尊重的现代化强国，我们需要更多关注复杂系统的创新。

复杂系统至今没有明确的定义，一些研究者认为复杂系统是由相当多具有智能性、自适应性主体构成的大系统。系统中没有中央控制，内部存在着许多复杂性，并具有巨大的变化性。复杂系统具有高阶次、高维数、多回路、多输入、多输出等特点。最典型的复杂系统就是军事领域中的一些系统，如武器装备的设计研发、战法推演研究等。这些创新与国家的核心实力息息相关。

为了助力中国发展，推动国内复杂系统创新，2014 年北京神州普惠科技股份有限公司（简称神州普惠）根据 MBSE（Model-Based Systems Engineering，基于模型的系统工程方法论）开发了一套工具集——“普惠环”，它由六个工具组成，形成了一个有机的一体化平台。它的核心思想是在确保复杂系统的研制中，需求、设计、分析、验证和确认活动都能够始终围绕着稳定的唯一的模型来进行。

需求采集管理工具 AppRS 完成需求采集与管理，标准化地采集需求；精确跟踪用户需求细节；对需求变更历史进行记录，创建需求基线；支持分布式团队多人协同管理。体系建模工具 AppAMS 可用于复杂系统的顶层设计，可多视角描述复杂系统，快速构建其体系模型；完全支持 DoDAF（美国国防部体系架构）标准。可视化演示验证工具 AppSE 用于复杂系统的可视化研讨，通过拖拽方式快速构建复杂系统的演示验证系统，把复杂系统可视化地展现出来。仿真/测试工具集 DWK 用于构建复杂系统的仿真系统，完成复杂系统的分析和验证工作，它也是由多个工具组成，包括仿真工程管理、仿真模型建模及开发、仿真实验设计、仿真想定制作、仿真数据记录与回放、仿真数据分析等。效能评估工具 AppWEE 用于评估复杂系统的效能，提供一体化的效能评估环境，对指标体系、评估方案、评估任务、评估数据进行统一管理。需求采集管理工具 AppRS、体系建模工具 AppAMS、可视化演示验证工具 AppSE、仿真/测试工具集 DWK 和效能评估工具 AppWEE 这五个工具构成一个“环”，前面工具的输出是后面工具的输入，模型数据在环中流动，这样就保证了复杂系统的研制中需求、设计、分析、验证和确认活动围绕着的模型是稳定的和唯一的。为了把五个工具的输入、输出等资源有机地管理起来，“普惠环”还提供了仿真资源管理工具 AppSRM，支持多维度数据管理。

“普惠环”虽然极大地推动了国内复杂系统的创新，但由于我们对复杂系统创新的理解还比较浅显，因此“普惠环”自身还需要进一步创新升级和完善。2015 年神州普惠在科技部创新方法专项的牵引下，基于公司已有的技术基础，牵头承担了“基于创新链的面向复杂系统创新的平台与应用示范”项目（项目编号：2015IM020100），将“普惠环”进一步扩展升级，把仿真方法、

TRIZ 方法和工业工程方法三种创新方法进行融合。加强了对复杂系统需求采集管理阶段和系统设计阶段的优化，将原来在时间成本较高的仿真环节才能发现的需求和设计问题提前在需求阶段和系统设计阶段发现并解决，最终缩短整个复杂系统研制的周期，整体提升了复杂系统创新效能。新版“普惠环”可以满足军用领域武器装备的设计研发，战法推演研究等复杂系统创新需求，能为军工单位带来明显的军事和经济效益。在科技部“基于创新链的面向复杂系统创新的平台与应用示范”项目中，神州普惠还与北京航空航天大学和北京联合大学合作，进一步将新版“普惠环”在民用企业中推广和应用，把军用先进技术向民用领域推广，推进更广泛的复杂系统的创新。

“普惠环”是一套实现了 MBSE 方法论的工具集，它可以支持各个领域复杂系统的创新，并且它的六个工具都具有完全的自主知识产权，因此“普惠环”可以根据不同的行业特点为用户做进一步定制，实例化成用户所在行业的 MBSE，更方便地帮助用户实现自己所在行业复杂系统的创新。同时“普惠环”设计之初采用的是“变形金刚”的理念，其六个工具自身都是独立的，可以单独使用，为了达到更强大的功能，工具可以组合直至形成“普惠环”，当然它们也可以与其他厂商的相关产品组合。

神州普惠成立于 2003 年，以“普惠国家 普惠行业 普惠员工”为使命，为国家为行业也为自己的员工做事业。它致力于模拟训练与仿真、数据工程与物联网、海洋声学装备三个业务方向，其中“模拟训练与仿真”始于公司成立之时，一直是公司主要盈利点，“普惠环”就是公司在这个业务方向上的一个主要产品。神州普惠是国家级软件企业，是国家火炬计划重点高新技术企业，是北京市级企业科技研究开发机构，其研发人员占员工总数的 80% 以上，公司始终坚持自主创新，已取得计算机软件著作权

101项，发明专利7项。公司建立了完整的售前、售后服务体系，“尽心尽力，尽善尽美”地为用户服务，以自己不断的创新，帮助用户创新，帮助用户成功。

本书的出版，首先要感谢科技部、北京市科委的大力支持和帮助，正是有了他们对项目的资金支持，我们才取得研究成果并将核心内容编撰出版。其次，要感谢神州普惠常务副总经理戴绍强的悉心指导、产品经理王海江的技术支持、财务总监赵元贵的财力支持，以及北京联合大学李一男老师和商正同学的鼎力相助。最后，尤其要感谢TRIZ专家林岳博士对多方法融合方面的指导和支持，以及北京航空航天大学任章教授对创新平台开发的技术支持。

限于作者水平所限，书中不妥之处，敬请广大读者批评指正。

作　者

2017年10月

目　　录

1 创新及创新方法

1.1 什么是创新

作为人类特有的认识能力和实践能力，创新是人类主观能动性的高级表现，是企业提高竞争力的重要手段，是推动民族进步和社会发展的不竭动力。一个企业要取得长久的竞争优势，一个民族要想走在时代前列，就一刻也不能没有创新思维，一刻也不能停止各种创新。

1.1.1 创新的定义

狭义的创新，是指新技术的发明或新产品的创造，主要指技术创新或产品创新。

广义的创新，最有名的是美籍奥地利经济学家熊彼特 1912 年出版的《经济发展概论》中的定义。书中提出“创新”就是把生产要素和生产条件的新组合引入生产体系，即“建立一种新的生产函数”，获取潜在的利润。熊彼特将企业家视为创新的主体，其作用在于创造性地破坏市场的均衡（熊彼特称之为“创造性破坏”）。他认为，动态失衡是健康经济的“常态”，而企业家正是这一创新过程的组织者和始作俑者。通过创造性地打破市场均衡，才会出现企业家获取超额利润的机会。

创新具有哲学上更广泛、更深刻的意义。哲学上，创新是人的实践行为，是人类对于发现的再创造，是对于物质世界的矛盾再创造。人类通过物质世界的再创造，制造新的矛盾关系，形成新的物质形态。矛盾是创新的核心，任何以自我内在矛盾创造的新事物都是创新。

简单来讲，创新是指为了一定目的，遵循事物发展的规律，对事物的整体或其中的某些部分进行变革，从而使其得以更新与发展的活动。具有五个方面的特征：（1）目的性，创新往往是遵从一定目的而进行的活动；（2）变革性，创新是对已有事物的深刻改革和革新；（3）新颖性，创新是对现有事物的改进，扬弃事物不合理的方面，革除过时的内容，确立新的事物；（4）超前性，创新以求新求变为灵魂，对预测结果进行创造产生新的事物；（5）价值性，创新有明显、具体的价值，往往对经济社会带来一定的效益。

1.1.2　创新的分类

创新的种类很多，包括技术创新、产品创新、市场创新、体制创新、思想创新、管理创新等。技术创新可以提高生产效率，降低生产成本；产品创新可以增加企业获利的机会，降低市场风险，形成新的经济增长点，利于产品结构调整；市场创新是企业生存和发展的土壤；体制创新可以突破旧制度的弊端，使企业的运营更加高效有序；思想创新就是破除因循守旧、固步自封的保守思想，树立大胆创新、敢闯敢试的进取意识，思想创新可以增强企业的凝聚力，发挥员工的创造性，为企业带来更大的效益；管理创新可以培育和实施先进的企业文化和经营方式，使各种生产要素有机结合，资源得到优化配置，从而保证企业产品的质量和生产效率。

对现代成熟市场经济而言，企业在市场、体制、思想方面相对稳定。因此，对我国目前企业持续发展而言，最重要的是产品创新、技术创新和管理创新。其中，产品创新是最核心、最关键的方面，它是技术创新和管理创新的目的；技术创新和管理创新是实现产品创新的途径或手段。

产品创新是指将新产品、新工艺、新服务成功地引入市场，以实现商业价值。如果企业推出的新产品不能为企业带来利润和商业价值，那就算不上真正的创新。产品创新是企业扩大市场份额、维持竞争优势以获得生存与发展的惯常手段，不管是电子信息、汽车、家电等注重产品形象和时效性的行业，还是建筑、文化和教育等传统行业，都致力于层出不穷的推出新产品，以吸引更多消费者、增加销售额甚至引导市场方向为企业创造利润、维持发展。由于产品创新过程相对独立，易于复制，对组织效益能够产生及时、客观和直接的影响，且效果具有可测度性，企业普遍给予其极大的关注。产品创新一般可分为全新产品创新和改进产品创新。全新产品创新是指产品用途及其应用原理有显著变化，如第一次创造出蒸汽机、电话、电视机、集成电路、电子计算机等。改进产品创新是指在技术原理没有重大变化的情况下，基于市场需要对现有产品所做的功能上的扩展和技术上的改进，如由火柴盒、包装箱发展起来的集装箱，由收音机、录音机发展起来的组合音响等。产品创新的动力从根本上说是技术推进和需求拉引共同作用的结果。技术推进和需求拉引相互跟随，技术的发展创造出新的产品。将潜在的市场需求激发为现实的市场需求。同时又会刺激需求目标的提高，形成新的潜在需求，这又引起人们对技术的追求，产生新的产品。

技术创新是指企业应用创新的知识和新技术、新工艺，采用新的生产方式和经营管理模式，提高产品质量，开发生产新的产品，提高新的服务，占据市场并实现市场价值。熊彼特把技术创新作为一个转换媒介，把科学技术与经济增长和发展联系了起来。他认为技术创新行为把科学家的发展创造成果引入经济活动中，可以降低成本或提高产品质量，从而使实行创新的厂商在竞争中占据优势，获得超额利润。技术创新为组织的实施和过程管理提供必要的支撑和保障，越来越多的公司认识到了其重要性。大多数跨国企业每年投入高达数十亿美元用于支持自己的强大研发机构和团队的创新实践，使企业保持旺盛的创新活力，在国际市场竞争中成为赢家。近些年来，中小企业也锐意技术创新，用创新技术换取高额回报。

管理创新就是企业根据生产经营的客观要求和科技发展的条件，对传统的企业管理和管理方式进行改革、改进、改造。即管理创新是指企业把新的管理要素（如新的经营思路、新的组织结构、新的管理方式、新的业务流程、新的管理制度等）或要素组合引入企业管理系统以更有效地实现组织目标的创新活动。在日益激烈的市场竞争中，管理创新通过对组织惯例或基因进行根本性变革，能够有效提高资源使用效率、推动企业创造出新产品，为企业带来商业利润，促进企业持续发展。管理创新使组织能实现生产效率的提高，使生产产品更具质量优势与价格优势，同时也让组织结构与人员流动更加灵活，是整个组织能够更快更精准地捕捉市场需求，全方位把握市场动态。以管理创新为基石的组织，往往能够带动文化、战略、技术、产品等多方面的创新，从而建立新型的组织运作机制，增加组织的“市场势力”。

1.2 什么是创新方法

创新是否存在方法可循？有人认为，创新具有随机性和不确定性，其本质是要打破常规并引入“新颖性”，这种“灵感乍现”很难去捕捉，创新的路径和结果难以准确预测。但是，任何创新都以已有知识、技术等既有条件为前提，也可以是创新者有目的地不断尝试和改进的结果。所以，创新虽然具有一定的随机性和不确定性，但并不表示创新就一定是盲目和偶然的。当前已有的许多创新案例研究表明，如果采用适当的创新方法，则创新过程是可设计和组织的。

创新方法就是指为完成特定的创新活动，从而达到创新预期目的而采取的可以指导企业创新实践的一系列途径、步骤和手段，是用于解决创新问题的科学思维、科学方法和科学工具的总称。它是人们通过研究有关创造发明的心理过程，从人们在创造发明、科学研究或创造性解决问题的实践活动中总结、提炼出的有效方法和程序总称。创新方法主要基于创新思维（逻辑思维、形象思维、联想思维、幻想思维、直觉思维、灵感思维等）的研究，本质特征就是开拓性和创新性，也具有可操作性、可思维性、技巧性、探索性和独创性等基本特点。由于创新过程的复杂性，创新方法的理论体系至今还不够成熟。其根本作用是根据一定的科学规律，启发人们的创造性思维，提升人们的创新效率。

在方法论意义上，人类的创新行为具有可组织性和可设计性等方面的规律。显然，这种可组织性和可设计性不是对创新不确定性的否定，而是在承认其不确定性的前提下，通过充分利用已有资源和创新方法进行资源的有效配置，创造特定的社会条件，以降低创新过程中的不确定性，提高创新成功的概率。这也正是创新方法研究的意义所在。

目前为止，创新方法经过几十年的研究与发展，已经形成了300多种创新的技法。应用较多的是建模方法、TRIZ方法、六西格玛、5W1H法、精益管理法、TOC方法、SWOT分析方法、头脑风暴法等，以下逐一简单介绍。

1.2.1 建模方法

建模方法主要是针对国防军工领域开发一款创新工具，在现代系统工程方法和企业体系结构框架标准的指导下，采用基于活动的建模方法，引导用户开发体系结构模型。通常应用于装备论证与研制过程中的总体论证、总体需求分析、总体设计、分系统需求分析、系统综合集成等阶段。

建模就是建立模型，建模是研究系统的重要手段和前提，用模型描述系统的因果关系或相互关系的过程都属于建模。因描述的关系各异，所以实现这一过程的手段和方法也是多种多样的。可以通过对系统本身运动规律的分析，根据事物的机理来建模；也可以通过对系统的实验或统计数据的处理，并根据关于系统的已有的知识和经验来建模。还可以同时使用几种方法。模型分为：参见模型、理论模型、经验模型、半经验模型、统计模型。

建模过程主要包括：确定数据及其相关过程；定义数据（如数据类型、大小和默认值）；确保数据的完整性（使用业务规则和验证检查）；定义操作过程（如检查、备份）。选择数据存储技术。

目前，应用广泛的建模方法是计算机仿真方法。

1.2.2 TRIZ方法

TRIZ理论是由前苏联发明家阿利赫舒列尔（G. S. Altshuller）在1946年创立的。阿利赫舒列尔和他的TRIZ研究机构50多年来提出了TRIZ系列的多种工具，如矛盾冲突矩阵、76标准解答、ARIZ、AFD、物质－场分析、ISQ、DE、8种演化类型、科学效应等，其中矛盾冲突是TRIZ理论最核心的内容。

矛盾（冲突）普遍存在于各种产品的设计之中。按传统设计中的折衷法，冲突并没有彻底解决，而是在冲突双方取得折衷方案，或称降低冲突的程度。TRIZ理论认为，产品创新的标志是解决或移走设计中的冲突，而产生新的有竞争力的解。设计人员在设计过程中不断地发现并解决冲突是推动产品进化的动力。

在产品研发过程中常常遇到的问题是用户对产品需求多样化，需求之间往往存在矛盾，如何从若干需求中提取有用的需求是研发设计人员迫切需要解决的问题。在研发开发过程也常常遇到很多技术难题，技术难题之间存在冲突。针对需求矛盾和技术冲突，最有效的解决方案就是解决其中的矛盾。矛盾问题的解决方法大致分为三步：首先将待解决的实际问题转化为通用问题模型，也就是提取出实际问题中的技术矛盾——改善某一参数，却导致另一参数恶化；或提取出实际问题中的物理矛盾——对某一参数的两种相反的要求。然后根据实际情况利用TRIZ中相应的中间工具——矛盾矩阵得到TRIZ的解决方案模型和发明原理。最后根据发明原理，得到最终方案。通过分析该系统中存在的问题，找到系统中存在的技术矛盾及物理矛盾，并依据相应的解决方法找到合适的解决方案。

1.2.3 六西格玛

六西格玛（6σ）概念于1986年由摩托罗拉公司的比尔·史密斯提出，西格玛（Σ，σ）是希腊字母，这是统计学里的一个单位，表示与平均值的标准偏差。旨在生产过程中降低产品及流程的缺陷次数，防止产品变异，降低成本，提升品质，提高生产率和市场占有率，提高顾客满意度和忠诚度。

实施六西格玛的步骤可概括为：定义，根据客户的要求，利用价值流图等方法识别价值和目标；测量，利用过程流图、测量系统分析等方法测量当前过程的相关数据；分析，根据测量的数据分析因果关系，尽量考虑所有因素，利用实验设计、失效模式等方法进行分析，以发现产生缺陷的根本原因；改进，根据分析结果，利用防错、标准化等方法对流程进行改进；控制，利用控制图、过程文件化等方法，对未来的状态进行控制以保证与目标间的缺陷已经纠正；并不断重复该过程，直到获得期望的结果。

在六西格玛里，“流程”是一个很重要的概念。举一个例子来说明。一个人去银行开账户。从他进银行开始，到结束办理开户叫一个“流程”。而在这个流程里面还套着一个“流程”，即银行职员会协助你填写开户账单，然后她把这个单据拿给主管去审核，这是银行的一个标准的程序。去银行开户的人是一线员工的“顾客”，这是当然的顾客，叫“外在的顾客”，而同时一线员工要把资料给主管审核，所以主管也是一定意义上的“顾客”，这叫“内在的顾客”。

另一个重要的概念是“规格”。客户去银行开账户，时间是很宝贵的。办账户需要多长时间就是客户的“规格”。客户要求在15min内办完，15min就是这个客户的规格。

1.2.4 5W1H分析法

“5W”是在1932年由美国政治学家拉斯维尔最早提出的一套传播模式，后经过人们的不断运用和总结，逐步形成了一套成熟的“5W＋1H”模式。是对选定的项目、工序或操作，都要从原因（Why）、对象（What）、地点（Where）、时间（When）、人员（Who）、手段（How）六个方面提出的问题进行思考。

（1）对象：公司生产什么产品？车间生产什么零配件？为什么要生产这个产品？能不能生产别的？我到底应该生产什么？例如如果现在这个产品不挣钱，换个利润高。

（2）地点：生产是在哪里干的？为什么偏偏要在这个地方干？换个地方行不行？到底应该在什么地方干？这是选择工作场所应该考虑的。

（3）时间和程序：例如现在这个工序或者零部件是在什么时候干的？为什么要在这个时候干？能不能在其他时候干？把后工序提到前面行不行？到底应该在什么时间干？

（4）人员：现在这个事情是谁在干？为什么要让他干？如果他既不负责任，脾气又很大，是不是可以换个人？有时候换一个人，整个生产就有起色了。

（5）手段：手段也就是工艺方法，例如，现在我们是怎样干的？为什么用这种方法来干？有没有别的方法可以干？到底应该怎么干？有时候方法一改，全局就会改变。

1.2.5 精益管理方法

精益管理的理念是源于日本丰田生产体系的一整套科学管理模式。其本质在于消除浪费，即一切消耗资源却不为客户创造价值的活动。为此，需要从客户的角度定义什么是真正的价值，识别整个价值流，推动价值的流动并由客户的需求进行拉动，并持续不断地推进整个价值流的改善。精益生产不是一个个孤立的实验，而是整个组织企业文化、员工素质和士气的提升，流程的优化和不断改进的过程。精益生产也不是一项项孤立的技术，它是一个系统工程，它的成功实施，还往往需要整个供应链的价值流优化。

精益生产方式最早时用于传统制造业中，改进企业的生产方式和生产流程，可用于供应商管理、生产以及销售等商品环节。

1.2.6 TOC 方法

约束理论（Theory of Constraint，TOC）是以色列物理学家、企业管理顾问高德拉特博士（Dr. Eliyahu M. Goldratt）在他开创的优化生产技术（OPT）基础上发展起来的管理哲理，该理论提出了在制造业经营生产活动中定义和消除制约因素的一些规范化方法，以支持连续改进。TOC 把主生产计划比喻成“鼓”，根据瓶颈资源的可用能力来确定生产过程中的最大物流量，作为约束整个生产链条的“鼓点”，鼓点相当于生产过程中各工序一致的节拍；在所有瓶颈工序前要保留适当的物料储备缓冲，以保证充分利用瓶颈资源，实现系统的最大有效产出。必须按照流过瓶颈工序的物流量来控制瓶颈工序前工序的物料投放批量。也就是说，瓶颈工序和其他需要控制的工作中心如同用一根传递信息的绳子牵住的队伍，保证按同一节拍，控制在制品流量，以保证在均衡的物料流动条件下进行生产。瓶颈工序前的非约束工序可以采用拉式生产的方式，瓶颈工序按出货顺序排计划，后工序按瓶颈工序的节拍推式生产。

1.2.7 SWOT 分析方法

SWOT 分析方法是哈佛商学院的 K. J. 安德鲁斯于 1971 年在其《公司战略概念》一书中首次提出的。SWOT，是英文 Strength（优势）、Weakness（弱点）、Opportunities（机会）和 Threats（威胁）的缩写。所谓 SWOT 分析，就是通过对企业优势、弱点、机会、威胁的分析，制订或者修改本企业的战略，使其宗旨、目标、公司哲学、营销手段等方面适应本企业 SWOT 变化的要求。优劣势分析主要是着眼于企业自身的实力及其与竞争对手的比较，而机会和威胁分析将注意力放在外部环境的变化及对企业的可能影响上。在分析时，应把所有的内部因素（即优劣势）集中在一起，然后用外部的力量来对这些因素进行评估。SWOT 分析，是战略管理决策的重要一步，本企业只有在对自身 SWOT 了解的基础上，才能制订出可行的中长期战略。SWOT 分析使企业对外部环境的变化十分敏感，有利于企业在多变的经营环境中建立和保持竞争优势。

1.2.8 头脑风暴法

头脑风暴法（Brain Storming，BS）又称智力激励法或自由思考法，是由美国创造学家 A. F. 奥斯本于 1939 年首次提出、1953 年正式发表的一种激发性思维的方法。可分为直接头脑风暴法（通常简称为头脑风暴法）和质疑头脑风暴法（也称反头脑风暴法）。前者是在专家群体决策尽可能激发创造性，产生尽可能多的设想的方法，后者则是对前者提出的设想、方案逐一质疑，分析其现实可行性的方法。

根据 A. F. 奥斯本本人及其他研究者的看法，头脑风暴能激发创新思维主要表现在以下几点：

（1）联想反应。联想是产生新观念的基本过程。在集体讨论问题的过程中，每提出一个新的观念，都能引发他人的联想。相继产生一连串的新观念，产生连锁反应，形成新观念堆，为创造性地解决问题提供了更多的可能性。

（2）热情感染。在不受任何限制的情况下，集体讨论问题能激发人的热情。人人自由发言、相互影响、相互感染，能形成热潮，突破固有观念的束缚，最大限度地发挥创造性的思维能力。

（3）竞争意识。在有竞争意识的情况下，人人争先恐后，竞相发言，不断地开动思维机器，力求有独到见解，新奇观念。心理学的原理告诉我们，人类有争强好胜心理，在有竞争意识的情况下，人的心理活动效率可增加50%或更多。

（4）个人欲望。在集体讨论解决问题过程中，个人的欲望自由，不受任何干扰和控制，是非常重要的。头脑风暴法有一条原则，不得批评仓促的发言，甚至不许有任何怀疑的表情、动作、神色。这就能使每个人畅所欲言，提出大量的新观念。

进入20世纪，信息技术的发展使管理创新方法和知识库紧密结合，提高创新效率。因而，信息技术的创新支持是创新方法的手段提升。从20世纪90年代开始，TRIZ的研究就与计算机技术紧密结合在一起。德国1998年推出基于TRIZ的TriSolver以来，陆续推出TriSolver 2、TriSolver 4. net和TriSIDEAS。日本ATR研究所在20世纪90年代开发完成了AIDE（Augmented Information Discussion Environment，AIDE）系统。美国基于头脑风暴开发了Idea Fisher，基于Mind Map模式开发了多种可视化软件。意大利乌迪内大学在深入研究186种创新方法的基础上，将创新方法按5个阶段分类，针对企业的不同阶段进行创新管理集成，并基于研究成果开发了Idspace学习系统等。中国学者檀润华教授带领的研究团队开发了国内第一套具有自主知识产权的中文版计算机辅助创新软件。亿维讯集团开发了Pro/Innovator软件等。这些计算机辅助创新系统或软件的提出为创新方法的推广和应用奠定了良好的基础。

随着信息技术的发展，创新方法未来将呈现如下发展趋势：

（1）群体创新方法日益受到重视。创造力究其本质是个体的一种属性，然而由于它通常仅能在群体创新活动中被有效开发，因而，大多数创新方法都是在特定的工作群体框架内、在公司或其他组织中提出并开展的。典型的智力激励法、TRIZ方法、头脑风暴等都是针对群体情景下提出的创新方法。进入20世纪90年代，随着团队组织形式的广泛出现，在团队创造过程中促进团队成员激发创新思维、克服群体迷思、提高创新效率都需要群体创新方法发挥越来越重要的作用。而信息技术的研究成果为跨地区、跨部门的群体创新活动提供了信息化、智能化的辅助工具。因此，对促进和激发群体成员进行自主创新的群体创新方法有待展开进一步深入研究。

（2）创新方法研究的手段越来越倾向于使用多学科交叉、会聚的方法。随着系统工程理论、复杂系统学说和知识管理理论的提出，对创新理论的研究越来越朝多学科交叉、会聚的方向发展。创新理论成为涉及哲学、认知科学、心理学、经济学、系统学、管理学、工程学、信息科学等多个领域的交会学科。美国国家科学基金会在2006年8月组织了创新和发明的研讨会中指出：创新能力是未来发展的关键因素，社会心理学、认知科学及工程研究进行学科间的协同和融合，是研究创新和发明的方向。在未来，运用多学科交叉、会聚的方法必将促使人类更深刻地理解创新方法的作用和机制，创新方法研究必将得到突破性进展。

创新的成功不仅仅是突破既有的传统形成新的创意，更取决于如何充分利用已有的知识和技术，尽可能降低创意形成和创意实现过程中的不确定性。创新方法是提升国家自主创新能力的重要武器，在建设“创新型国家”的发展战略中，谁掌握了创新方法谁就会形成一定的创新能力，谁就能驾驭科技创新的原动力和把握科技发展的优先主导权。创新方法虽然不能设计出特定的创新行为出现的精确时间表，或者规定创新具体由谁来完成，但是却可以使得人们尽可能的清晰创新所需的条件，辨别不同的方法在不同创新环境下的适用性，从而尽可能地避免创新过程中的盲目性。人类的创新行为具有可组织性和可设计性等方面规律。显然，这种可组织性和可设计性不是对创新不确定性的否定，而是在承认其不确定性的前提下，通过充分利用已有的资源和创新方法进行资源的有效配置，创造特定的社会条件，以降低创新过程中的不确定性，提高创新成功的概率。

2 创新链及复杂系统研发创新

2.1 什么是创新链

2.1.1 创新链的定义

在知识经济时代，随着产品复杂程度日益增强，市场竞争的日益加剧，越来越多的企业通过组建创新链，搭建创新平台来实现产品创新。

产品创新不仅是指产品技术上的发明创造，更是指把已发明的产品技术引入到企业的生产之中，形成一种新的生产能力。科学技术与商业化生产之间存在着差距，这意味着创新需要通过一系列过程来体现。事实上，在科学技术知识经过技术创新实现其商业化的过程中，每一个环节都十分重要。创新是一个系统的整合行为，创新过程需要从产品的研究创新到商品化环节创新等各环节，即形成一个创新链。

创新链是指围绕某一个创新的核心主体，以满足市场需求为导向，通过知识创新活动将相关的创新参与主体连接起来，以实现知识的经济化过程与创新系统优化目标的功能链节结构模式。

创新链是从创新源头开始，经过多级环节、运用多种要素、涉及多个部门、跨越多重时空，直到取得最终成果并实现其价值创造的全过程。创新链是以创新为纽带，把具有互补性的各个节点连接起来，通过分工协作和互联互动，合力实现知识的经济化与创新系统的优化。在创新链的视野里，任何创新主体都不是孤立封闭的，任何创新活动都存在上下游的联系，任何创新成果都是多节点多主体协同的产物，个体创新力在愈来愈大的程度上依赖于整个链条的创新力。实质上，创新链就是建立在分工协作基础之上的一种“求新”生态图谱，就如同生物界的“求存”生态图谱——生物链。

2.1.2 创新链的构成

创新链是描述一项科技成果从创意的产生到商业化生产销售整个过程的链状结构，主要揭示知识、技术在整个过程中的流动、转化和增值效应，也反映各创新主体在整个过程中的衔接、合作和价值传递关系。主要分为要素整合、研发创造、商品化、社会效用化四个环节组成。

（1）要素整合环节主要是培养、调动以及整合人员、资金、设备、信息和知识储备等各创新要素，形成成套的科研力量乃至体系。

（2）研发创造环节是要素整合环节基础上，科研力量自发研究或者承接科研项目，发现新知识，形成新技术或其他科研成果的过程环节。

（3）商品化环节是将上一个环节的科研成果进一步与人员、资金、设备、信息、工艺、管理等要素结合，经过创意过程打造成具有价值的商品在市场上营销推广，并形成新兴产业或者应用于生产过程之中，从而产生经济效益的环节。

（4）社会效用化环节是将科研成果或形成的商品应用于社会生活等领域的环节。社会效用化环节通常在商品化环节之后，但也有部分科研成果可以不通过商业化环节而直接应用于社会生活各领域，并产生相应的社会效应。

要素整合目的是为了研发创造，研发创造又是商品化和社会效用的基础。研发环节是企业创新链中最核心、最重要的环节。现代企业竞争力的核心是企业的自主创新能力，科学技术的发展使产品的更新周期越来越短，企业要拥有持续发展的动力，就必须不断地进行产品研发创造，形成研发－社会效用的良性循环。企业研发需要整合各种资源、需求等要素创造新产品，并协同发挥市场的推广作用，将产品转换成商品，应用于社会生活的各领域，产生相应的社会效应，同时获取利润。

2.1.3 创新链中核心环节——研发创造

创新链的四个环节中研发创造是最核心的部分。为实现产品最大化效益，就应该努力积极进行产品研发创新和优化，及时开发出大量有价值有竞争力的新产品提供市场。

在现代社会，时代发展的速度太快，在这个竞争力非常强的社会面前，我们只有不断研发创造出新的产品，以创新产品立足市场，不断形成自己的核心竞争力，寻求企业的可持续发展。未来的企业形态、新兴技术的发展、未来的行业发展需求，以及国家的发展需求都为企业研发创新提供不竭动力。研发创新对企业而言至关紧要，主要体现在以下几方面：

（1）研发创新有助于提高企业经济效益。研发创新和创造是企业的生命力。不创新，企业就不能生存，不持续创新，企业就难以发展。

中国家电名牌海尔集团通过研发创新，推动产品结构不断变化和产品附加值不断提高，在短短十五六年时间内，迅速成为中国家电品牌中的龙头企业。海尔在1984年成立之初的前身青岛电冰箱总厂，其所有资产就是一排破旧的厂房，几台落后的机床和147万元的亏空。海尔最初产品只是电冰箱，在20世纪80年代末的电冰箱大战中，海尔依靠研发创造改进电冰箱的功能、外观，提高冰箱质量等方式生存下来，并成为该行业的佼佼者。进入90年代，海尔加速了研发创造的步伐和力度，先后开发了空调器、洗衣机、电视机、家庭橱柜、洗碗机、消毒柜以及生物工程制品等产品，成为中国第一家大型的综合性家用电器制造企业。海尔利用研发创造不但在激烈的市场竞争中生存下来，并且使“海尔”品牌成为中国名牌。

这是一个利用研发创造使企业的经济效益不断提高的典范，告诉人们，研发创新是企业走出困境的最好途径。研发创新对企业来说，可能会牺牲一些眼前暂时性的利益，但研发创新对于企业的未来则是必不可少的、有长久之利的。

（2）研发创新有助于提高企业竞争力。在市场经济的大潮中，每个企业都面临着竞争的巨大压力。如何在竞争中取胜，成为企业生存下去的关键。

企业之间的竞争可以分为两大类型，一种是建立成本优势，进行价格竞争，其核心思想是以低成本取得竞争优势。价格竞争战略的思路是通过研发创新，或是降低生产过程的耗费，或是获取更低廉的原料来源，或是开辟更为合理的销售渠道，以此降低产品制造成本，占有较大的市场份额，从而掌握产品销售价格的主动权，把大多数竞争对手逐出共同的市场。另一种是差异化竞争，即通过研发创造与众不同的产品来博得消费者的青睐，吸引消费者的购买力，从而取得市场竞争优势。

对企业来讲，产品的差异化即意味着不断进行研发创新，推出改进型和创新型产品，适应越来越细化的市场需求。现代企业制度体现的是企业资源配置的高效性，而这种高效率能否充分发挥，主要依靠研发创新。研发创新是要结合企业的改革，在企业中加快建立技术开发中心，组织重点产品的研制开发和引进技术的消化吸收，进一步推动产学研结合，培育和扶持一批拥有自主知识产权和市场前景的高新技术产品。

（3）全球经济变革对研发创新提出新要求。随着互联网和大数据时代的到来，传统的研发生产模式研发周期长、生产效率低，产品自动化程度低，已经越来越不能适应市场需求。企业只有不断进行创新，将计算机技术引入到研发生产中，能改变传统的研发生产流程和模式，大大缩短研发周期，提高生产效率，同时，也能实现提高产品智能化和自动化程度，是产品能快速适应市场的需求。

（4）创新方法是企业研发创新的重要保障。创新方法是以创新思维为基础，通过对创新活动的实践经验进行概括总结、提炼而得到创新的一些机理、方法和技巧。“自主创新，方法现行”。创新方法是研发创新的根本之源，有效的创新方法能够帮助企业少走弯路，少犯错误，加快新产品开发速度，提高新产品开发成功率，是增强企业自主创新能力、实现企业内增长的一项工作。

企业研发创新主要包括研发创意激发模块和技术研发模块。在创新激发模块中应用 TRIZ 进行创意激发，挖掘技术人员的创新潜力和创新思维，判断研发方向，打破知识边界；在技术研发模块中应用建模方法、模型实验方法等发现新想法或解决问题的方案，形成自主创新的新技术或科研成果，提高研发效率。

研发创新是企业经济增长和企业创造财富的关键，是符合全球经济发展趋势的，也是企业获得持续竞争优势的主要源泉。未来成功的企业，属于那些能够进行持续的研发创新的企业。

2.2 什么是复杂系统

2.2.1 复杂系统的定义

对于究竟什么是复杂系统，目前科学界尚没有统一的定义。不同学者基于不同的科学背景给出了不同复杂系统的定义。

1999 年，Richard Gallagher 和 Tim Appenzeller 在《科学》杂志的《复杂系统》专辑上，首次提出“复杂系统”这一概念并指出，复杂系统是不能通过对系统一个分量或者部分的理解，而实现对整个系统的性质完整理解。

M. Waldrop 在《复杂性》一书中指出，复杂性其实存在于系统之中，也就是一个系统的组成单元通过无数种可能的关联和作用方式在相互作用。复杂系统之所以具备这样的特点，并不是因为其系统内部单元数量的庞大，而是在于系统内部单元之间的非线性相互作用。复杂系统就是由多个存在相互作用与联系的子系统做成的混合系统，系统的整体行为不能通过分解子系统的行为特征来理解，一般具有多层次的结构和复杂的相互作用等特点。复杂的相互作用是指子系统或者系统单元之间存在无数种可能的相互作用方式导致整体系统具有任何子系统或者单元都不具有的整体功能。

钱学森先生根据组成系统的子系统以及子系统种类的多少和它们之间关联关系的复杂程度，把系统分为简单系统和巨系统两大类。简单系统是指组成系统的子系统数量比较少，它们之间关系自然比较单纯。如果子系统种类很多并有层次结构，它们之间关联关系又很复杂，这就是复杂巨系统。例如：生物体系统、人脑系统、人体系统、地理系统（包括生态系统）、社会系统、星系系统等。这些系统无论在结构、功能、行为和演化方面，都很复杂。

2.2.2 复杂系统的特点

根据不同学者对复杂系统的研究，总结起来复杂系统具有以下主要的几个特点：

（1）自适应性/自组织性。系统是由时空交叠或分布的组件（有时也称为主体）构成的。这些组件具有自适应、自学习、自聚集、自组织等能力，组件能够通过不断地学习，调整自身的结构和行为，以适应外部和内部的变化。组件之间、组件与环境之间会发生各种各样的交互作用，正是组件的自主性，以及组件间交互的复杂性，使得整个复杂系统呈现复杂性，同时也是复杂系统不断演化的驱动力。而复杂系统的自适应性使得组件可以自学习，能记住这些经历，并“固化”在自己以后的行为方式中。

（2）不确定性。不确定性与随机性相关，而复杂系统中的随机因素不仅影响状态，而且影响组织结构和行为方式。而“随机性”指的是不规则、不能预测的行为，是把表现的无序与内在的决定论机制巧妙地融为了一体，在表现的有序背后隐藏着一种奇异的随机，而在随机的深处又隐藏着一种更奇异的秩序。

（3）涌现性。肩负不同角色的组件间通过多种交互模式、按局部或全局的行为规则进行交互，组件类型与状态、组件之间的交互以及系统行为随时间不断改变，系统中子系统或基本单元之间的局部交互，经过一定的时间之后在整体上演化出一些独特的、新的性质，形成某些模式，这便体现为涌现性。子系统之间的相互作用，可导致产生与单个子系统行为显著不同的宏观整体性质。涌现应具备一些特征：一是必须由系统产生，该系统由多个组分（子系统）组成；二是系统具有一定的自适应能力，能够通过不断地学习，调整自身的结构和行为，以适应外部和内部的变化；三是通过适应改变了系统的结构和行为形成演化，具备了新系统的整体功能，从而产生了涌现。涌现的思想反映了宏观和微观的有机联系，是微观行为展现的宏观效应。涌现性也体现为一种质变。主体之间的相互作用开始后，系统能自组织、自协调、自加强，并随之扩大，发展，最后发生质变，即发生了涌现。

（4）预决性。复杂系统的发展趋向取决于系统的预决性，预决性是系统对未来状态的预期和实际状态限制的统一。事实上，任何有生命的物质，都具预期或预测的能力，从而影响系统的运动方向。

（5）演化。复杂系统对于外界环境和状态的预期—适应—自组织过程导致系统从功能到结构的不断演化。这种演化运动在物理系统中是不存在的。物理系统一般由多个已有的元素组成，功能和结构都不会改变。而复杂系统一般是由简单的元素组合，经过不断的演化而发展在为功能和结构更为复杂的系统。从低级到高级，从简单到复杂，不断的演化，是复杂系统最本质特性。

（6）开放性。系统与外部环境以及子系统之间存在能量、信息或物质的交换，就系统与环境的关系而言，开放表现为最复杂与最常见的不确定的、动态连续的环境类型。复杂性不仅体现在系统本身，而且体现在环境。开放系统与孤立系统不同，它与外界环境之间不断地进行着能量、物质和信息的交换，其结果是增加了系统的有序性（这种自发的增加系统有序性的性质就称为自组织性），这正是开放性的价值所在。可见，开放性使得复杂系统具有自组织性。

从复杂系统的特点来看，复杂系统主要涉及军事、轨道交通、信息、社会经济、金融、能源、医疗卫生等领域的产品。

（1）军事系统。作为以准备、实施战争为中心的直接相关的社会活动，军事是一种复杂的社会智能系统行为。它不仅包括武装力量建设、作战活动的准备与实施、军事科学研究等方面，还包括直接为战争服务的政治、经济、文化、科学技术诸因素等。按照一般系统论的观点，可以认为它是由若干军事要素构成的，为实现特定目的而相对独立存在的军事有机整体，即军事系统。军事系统的复杂性表现形式有多种：系统内存在大量的个体，子系统的层次很多，系统内元素相互作用涌现出新的特性，系统的物质、能量、信息同外界之间拥有反馈回路，等等。相互作用是军事系统产生复杂性的主要原因。存在两种形式的相互作用：相互对抗的军事系统之间的相互作用，以及军事系统内部的相互作用。前者是指军事对抗双方为了战争的胜利，都必须考虑对方的行动，就如同对方不得不考虑己方的行动一样；后者则是指对抗双方为了取得胜利，千方百计地使自己系统内部的物质资源、能量和信息流进行合理地流动。相互作用使得我们在研究军事系统的时候，不得不面对诸多因素，有些因素是显而易见的，而更多的因素则是隐含的、不易察觉的。但是，忽略其中任何一个看起来似乎微不足道的因素，都可能导致研究结果与现实的巨大差距。也就是说，相互作用所带来的复杂性令我们难以准确地预测、组织和控制军事系统。

（2）轨道交通系统。城市治理模式、车载装备系统、安防监控系统、信息传输通信系统等。在大型轨道交通的安防监控系统工程中，往往存在多种结构不同、功能不同的安防子系统，通过成熟的安防集成管理平台将各个安防子系统融为一体，发挥出系统最大的效能。

（3）信息系统。运用系统工程理论和方法研究信息化及现代信息技术发展战略、规划、政策，各级各类信息系统分析、开发、运行、更新及管理等。现阶段，移动互联网、云计算、大数据、智能技术等新一代信息技术对复杂系统的研究与应用产生了广泛而深刻的影响。以大数据为例，我国现代化进程和转型发展中的诸如社会管理、城镇化、综合交通、能源资源、环境保护、科技教育、医疗卫生、社会保障、企业创新管理、信息网络管理、国防与军队建设等方面的许多复杂系统问题，用传统方法难以有效解决或成本太高，而基于大数据的分析、决策和评估有可能帮助解析和解决此类难题。

（4）社会经济系统。始于钱学森社会主义建设总体设计部思想，其研究对象是整个社会，是一个开放的复杂巨系统。它具有多层次、多方面、多阶段、开放式、高度综合等特点，如研究全面建成小康社会、全面深化改革、全面依法治国、全面从严治党战略思想与战略布局，中国特色社会主义国家治理体系与治理能力现代化，以及从新公共管理到整体性治理等。国内学者从实际复杂系统所具有的自相似结构出发研究系统结构、功能与行为之间的动态光纤，对于具有相似结构的不同类型控制系统的多种控制问题（稳定、人员、教育、就业等）进行了较广泛的研究。

(5) 金融系统。运用系统科学原理和系统工程方法来研究现代金融经济系统的宏观特性、动态特性和演化规律，涉及经济金融环境动态分析、投资组合决策与公司治理、金融风险分析与防范、金融市场系统特征与联动关系、国际金融与汇率制度、财政与货币政策、金融监管系统性及有效性等。

(6) 能源系统。中国石油大学复杂性科学研究中心对能源系统的动力学一般进行了研究，提出了系统动力学特征中发现的十个共同复杂性现象，并建立了分形结构模式，系统的能量驱动模式、系统的混沌动力学模式。

(7) 生产系统。基于产业及行业创新发展，研究生产战略与决策、生产系统环境分析与规划设计、生产系统全生命周期及其整体优化管理、生产系统信息化及自动控制、生产系统的价值流及综合评价、制造服务业发展等，可包括或涉及人－机－环境系统、过程系统、质量系统等。

(8) 医药卫生系统。研究医药卫生四大体系（公共卫生服务体系、医疗服务体系、医疗保障体系、药品供应保障关系）一体化建设、各类医疗机构布局及建设规划、医药卫生信息化建设方案、医院系统化管理等。

近年来，随着我国在军队建设、基础设施等方面的大规模投资，以军事装备、航空航天系统、智能大厦、高铁、港口造船业等具有典型复杂系统特征项目为主要内容的现代体系建设的推进，使得复杂系统在当今社会中扮演着越来越重要的角色，这些复杂系统创新的研究也得到广泛关注。

2.3　复杂系统研发创新的重要性与必要性

对我国目前阶段而言，复杂系统研发创新不但十分重要而且非常必要。

2.3.1　复杂系统研发创新的重要性

复杂系统涉及国防军工、航空航天、轨道交通、电力电子、石油化工等多个关系国家安全和国民经济命脉的重要行业和关键领域，这些领域复杂系统产品创新能力直接体现了国家综合实力。在过去的近 30 年里，我国的经济建设取得了举世瞩目的成果。中国制造的产品遍布全球各个角落，中国制造成为了全球经济的重要发动机。但以低端的劳动密集型产业为主的中国制造业缺乏自主创新能力和核心技术，所面临的环境越来越严峻，实现从中国制造到中国创造的转型成为了唯一出路。实现这一转型的关键在于提高复杂系统核心技术的转变，研发自主知识产权的产品，通过研发创新实现“中国制造”向“中国创造”的转变。

(1) 复杂系统创新能力是国家综合实力的重要表现。复杂系统是由相当多具有智能性、自适应性主体构成的大系统。系统中没有中央控制，内部存在着许多复杂性，并具有巨大的变化性。这就决定了系统主体间及其环境间的复杂系统相互作用，使得复杂系统涌现出所有单独主体或部分主体不具有的整体行为（特性）——涌现性。复杂系统具有高阶次、高维数、多回路、多输入、多输出层次性等特点。

近年来，国防军工、航空航天、轨道交通等复杂系统产品的研究名列国际前茅，尤其是在军事复杂系统领域的研究投入极大，但很少具有颠覆性创新。而这些领域复杂系统高端装备的核心技术是用钱买不来的，以市场换技术的收获也是有限的。要提升我国综合竞争力，就必须建立起国防军工、航空航天、轨道交通等领域强大的自主创新能力，集中力量突破影响产业发展的关键核心技术，抢占国际竞争的战略制高点，打破发达国家的技术壁垒。

（2）我国面临着军事领域从做“大”到做“强”的挑战，急需提升军事复杂系统的创新能力。面对国际政治和军事局势的变化，不断提升综合实力是维护我国稳定繁荣发展的基础。只有拥有强大的军事实力与经济实力才能巩固我国在国际社会的话语权。中国一直以来都是军事大国，但成为军事强国，还有一定差距。要想成为军事强国，一方面需要提升武器装备的先进性。由于我国的技术基础与国外存在差距，因此单纯的模仿国外的技术可能对我国并不适用。我国需要根据现有的技术基础，设施基础等方面综合考虑，开展创新，以实现创新效能的最大化。另一方面相比装备的先进性，更重要的是提升军队的作战能力。作战系统是一个包含人、武器及其他相关因素相互协同的复杂系统。

（3）国际政治局势瞬息万变，提升国家核心竞争力，军民融合加速军事复杂系统创新。一直以来，“中国缺乏创新能力”在国内外都是相当有市场的论点。我国高技术产业的价值取向正在发生巨变，用“中国创造”升级“中国制造”。中国制造业将面临发达国家重振高端制造和发展中国家低成本竞争的双重挑战。提升创新设计能力，对于落实创新驱动发展战略，提升中国制造的竞争力，加快从“制造大国”向“创造强国”转变有着重要意义。国外的先进技术往往并不能直接拿来就用，一方面，国外先进军事装备对我国禁运；另一方面，我国由于自身的技术水平，装备技术水平的提升需要较长的周期。

传统军工体制下，创新活动不足，新技术研发周期长，导致我国在军事领域的研究总体较慢。为加速军工实力的提升，2015 年发布军民融合的国家战略，表明国家在加速军事建设方面的新思想，鼓励民营企业积极参与军工建设，以自身创新活力为优势，推动我国军工体系发展。与此同时，技术军转民用、民转军用成为未来发展的方向。

在现代社会，时代发展的速度太快，在这个竞争力非常强的社会面前，我们只有不断创造出新的产品，以创新产品立足市场，不断形成自己的核心竞争力，寻求企业的可持续发展。未来的企业形态、新兴技术的发展、未来的行业发展需求，以及国家的发展需求都为企业创新提供不竭动力。

2.3.2　复杂系统研发创新的必要性

当前，我国复杂系统研发创新的必要性，主要体现在以下方面：

（1）当前我国一些复杂系统的技术水平已处于世界领先地位，我国只能依靠自身创新来满足经济社会发展的需求。经过改革开放以来近四十年经济、科技、社会的快速发展，我国部分复杂系统技术已处于世界前列，已不能再从其他国家引进，只能依靠自身研发创新进行改造、升级和提高，以适应我国经济社会发展新的要求。

以高速铁路技术为例，作为高速运行的铁路系统，高速铁路的诞生是继航天行业之后，最庞大复杂的现代化系统工程，它所涉及的学科之多、专业之广已充分反映了其作为复杂系统的综合性。20 世纪后期科学技术蓬勃发展，计算机及其应用，微电子技术、电力电子器件的实用化与遥控自控技术相继成熟，新材料、复合材料的推广，三大技术迅速转化为生产力。高速铁路为建立在这些相关领域高新技术基础之上，综合协调、集成创新的成果。高速铁路实现了由高质量及高稳定的铁路基础设施、性能优越的高速列车、先进可靠的列车运行控制系统、高效的运输组织与运营管理体系等综合集成。高速铁路在实施中，从规划设计开始就把各项基础设施、运载装备、通信信号、运输组织及经营管理等子系统纳入整个大系统工程之中统筹运作，为实现总体目标，采用了多项关键技术。虽然这些新技术分别隶属于各有关的子系统，但其主要技术指标、性能参数是相互依存、相互制约的，均须经详细研究、反复论证与修订，才能保证实现大系统综合集成特性的要求，达到整个系统的合理与优化。

高速铁路于 20 世纪 60、70 年代相继诞生于日本、德国、法国、美国等，至本世纪初这些发达国家的高速铁路技术一直处于世界领先地位。我国早期的高铁技术主要引进自日本、法国，在学习吸收后我国目前已能够独立自主研发自己的高铁技术。我国国土面积辽阔，各地温度、湿度等差距较大，地势西高东低、地质地貌极为复杂；作为世界第一大人口国，我国人口众多，且在城市化尚未基本完成之前人口流动规模巨大。因此，随着我国高速铁路逐渐在全国各地铺开，复杂的地理状况及人口流动特征，对我国的高速铁路的速度、温度湿度适应性等提出了更高、更苛刻的要求，改进及升级高速铁路技术显得十分迫切。但是，我国目前的高速铁路技术已处于世界领先地位，已不可能再从其他国家引进并消化吸收，自主创新成为必然选择。

（2）一些发达国家拒绝向我国转让复杂系统，我国只能进行自主研发。这类复杂系统主要涉及航空航天、军工及一些战略性民用领域，如载人航天器、尖端战斗机。

空间站（space station）又称太空站、航天站、轨道站，是一种在近地轨道长时间运行，可供多名航天员巡访、长期工作和生活的载人航天器。空间站的建设和运营需要集成微生物控制技术、飞行器对接技术、核心舱生物循环技术、货运飞船发射技术、飞行器绕飞技术等，为典型的复杂系统。20 多年前，由美、俄、日、欧、加拿大、巴西等多国牵头，共 16 个国家计划打造“国际空间站”（ISS）。在 ISS 筹备阶段，中国就申请加入，但美欧俄等国家坚决拒绝。因此，中国只能依靠自己建立空间站，提出并逐步实现“三步走”的中国空间站计划（China space station plan）：

第一步，载人上天。2008 年 9 月，“神七”升空，实现航天员太空行走。

第二步：宇航员太空出舱。2011 年 11 月，“神八”发射飞行器，实现无人对接。从 2010 年开始到 2015 年，中国计划发射 2 到 3 个空间实验室到太空，将有多艘飞船与之对接。

第三步：建立小型空间站。2012 年 6 月 16 日，“神九”实现有人对接，然后组建有人空间实验室。2014 年中国将发射空间站核心舱，2020 年前后将建成规模较大，长期有人参与的国家级太空实验室。

2.3.3 复杂系统研发创新需要创新方法

在复杂系统创新中，研发创造环节在创新链中的核心地位更为明显，这与复杂系统的特点紧密相连。由于复杂系统在状态、组织结构和行为方式等方面具有较强的不确定性，而这种不确定性可能导致复杂系统与创新的预期结果产生较大的偏差，甚至与创新结果完全背离的风险。在一般系统创新中，规避这种不确定性风险主要依靠的手段主要是反复试验；而复杂系统创新中，往往不可能采用试验的方式来规避不确定性带来的风险。使用创新方法可以降低研发风险、简化研发流程，缩短研发周期和提高研发效率。

（1）军事复杂系统，比如现代核武器的升级换代。作为战略威慑力量，核武器成为大国军事力量中的“杀手锏”武器，并在保持战略平衡中发挥着极其重要的作用。为取得战略优势或扭转战略劣势，各大国在增加其核武器数量与提升核武器质量方面均有较强的动力。受削减核武器数量条约的限制，以及增加数量在取得战略优势方面的作用不明显，现代世界大国主要提高核武器的质量，即升级换代。验证新型核武器的效果的常规手段为核试验，但鉴于核试验产生的核污染，现代世界大国依靠超级计算机仿真方法来模拟核试验以验证其核武器的威力。

（2）交通领域复杂系统，比如高速列车车头、尖端战斗机机身的研发。飞机在飞行过程中的阻力全部来自于其飞行截面产生的空气阻力，列车在高速运动（时速 300km 以上）的阻力 70% 以上均来自于空气，故高速列车车头、尖端战斗机机身在研发中必须进行风洞试验，以验证其空气动力特性。为验证这些产品在运动中的稳定性等优良特性，需要进行反复多次试验加以确定；但是，这些产品通常为特殊合金材料制成，且其加工工艺十分复杂，故其造价非常高昂，制成样品反复进行试验验证在经济上变得不可行。目前，各国在这类产品的研发上主要依靠仿真方法来模拟试验效果，再辅以次数较少的实际样品试验。

3 复杂系统研发阶段创新方法

复杂系统具有规模大、系统结构复杂、各个部分之间存在大量交互等特点，使得人们难以用数学分析或者其他形式方法来研究复杂系统，仿真方法成为目前研究复杂系统最有效的方法之一。同时，TRIZ 方法在解决研发矛盾需求方面、工业工程方法在提高研发生产效率方面也具有显著的优势。以下逐一介绍这三种创新方法。

3.1 仿真方法

仿真方法是运用各种模型和技术对实际问题进行建模和求解的工程方法之一，它经历了从直观的物理模型到抽象的数学模型的发展，20 世纪计算机的出现以及人类对“系统”的认识，赋予仿真新的内容，并作为系统研究的新方法。目前，仿真方法已经越来越多应用于复杂系统论证、研制中，可以提高研发效率，缩短研制周期。

3.1.1 仿真方法概述

我们常说的仿真方法就是将仿真技术应用于装备研制、装备实验、模拟训练等方面，通过建立模型进行科学实验的综合集成方法。仿真方法给复杂系统装备带来的直接作用就是缩短研发时间和降低研发成本。

仿真是对现实系统的某一层次抽象属性的模仿。人们利用这样的模型进行实验，从中得到所需的信息，然后帮助人们对现实世界某一层次的问题做出决策。

3.1.1.1 系统仿真

系统仿真在本质上是基于相似原理，通过系统模型对真实系统进行研究的一种方法。可以从以下三个角度认识系统仿真：

（1）仿真是一种对系统问题求数值解的计算技术。尤其当系统无法通过建立解析模型求解时，仿真技术能有效地进行处理。一方面只要无法建立系统的解析模型，就可以根据相似原理，通过建立仿真模型对系统进行研究。因此仿真方法是一种“万能”的方法，可用于求解几乎所有问题；另一方面仿真方法又是一种“不得已的方法”，只有当无法建立系统的解析模型时，才有必要建立系统的仿真模型，通过仿真方法进行求解。

（2）仿真是一种人为的实验手段。它和现实系统实验的差别在于，仿真实验不是依据实际环境，而是在作为实际系统映象的系统模型以及相应的“人造”环境下进行的。

（3）仿真是一个实验过程。仿真是在建立的系统模型上进行实验的过程，通过系统模型可以比较真实地描述系统的运行、演变及其发展过程，从而预测系统未来的状态。

随着信息技术的发展，现在系统仿真都是用计算机来实现。计算机仿真方法是以数学理论、相似原理、信息技术、系统技术及其应用领域有关的专业技术为基础，以计算机和各种物理效应设备为工具，利用系统模型对实际的或设想的系统进行实验研究的一门综合性方法。通俗的说，就是指在实体尚不存在、或者不易在实体上进行实验的情况下，对考察对象进行建模，然后通过计算机编程考察对象在系统参数以及内外环境条件改变的情况，达到全面了解和掌握考察对象特性的目的。

3.1.1.2　仿真可解决的问题范围

适合计算机仿真方法解决的问题包括以下几种情况：

（1）难以用数学公式描述的系统，或者没有求解的有效数学方法。

（2）虽然可以用解析方法解决问题，但数学的分析与计算过于复杂，这时计算机仿真可能提供简单可行的求解方法。

（3）希望你能在较短时间观察到系统发展的全过程，一般涉及参数对系统行为的影响。

（4）难以在实际环境中进行实验和观察时，计算机仿真是唯一可行的方法，例如太空飞行的研究。

（5）需要对系统或过程进行长期运行的比较，从大量方案中寻找最优方案。

计算机仿真方法具有如下特点：

（1）很强的针对性。计算机仿真使软件产品的应用设计具体化，即仿真是针对具体环境的模拟测试，有很强的针对性。

（2）很强的目的性。计算机仿真是为某些具体的目的设计的，它不是遍历所有功能的仿真测试，也不是系统测试，它是以用户的具体使用为标准的仿真模拟测试。

（3）需要充足的准备。显然仿真越是和实际的使用环境接近，效果会越好。所以说仿真方法首要的就是调研，调研实际使用环境，并得出仿真的具体指标，这些指标要反映真实环境的需求，但是又不能过于具体，过于具体则很难执行（可行性低），但是如果抽象的过头又会脱离实际，所以这个度是要根据具体的需求来具体把握的。仿真准备的好坏直接决定了仿真测试的成败和意义。模糊的仿真或者大而全的仿真基本上就失去了其意义。

（4）需要明确的标准。在准备好了之后，根据需要制定具体的方案，使得仿真可以进行，方案的制定一般不会有什么困难，困难一般在方案的可测量标准，以及这种标准对仿真的体现度。好的标准既可以使方案易于执行，也能很好地体现仿真的内容。

（5）数据的可分析性。在执行完仿真测试之后，会有一系列的数据，这些数据是仿真的结果，也是仿真方法的目的所在：正是这些数据体现了产品对环境的适应度。所以这些数据的可分析性在明确标准的时候就应该有所规划。

3.1.1.3 计算机仿真的特点

随着与计算机仿真相关技术（计算机技术、网络技术、图形图像技术、多媒体技术、软件工程、信息处理、自动控制及系统工程等相关技术）的进步和行业仿真应用需求的牵引，计算机仿真技术获得了不断向前发展的动力。计算机仿真发展呈现以下特点：

（1）计算机仿真的发展与应用紧密相关。计算机仿真是一门多学科的综合性技术，应用需求是推动仿真技术发展的原动力，仿真技术应用效益不但与其技术水平的高低有关，还与应用领域的发展密切相关。历史表明计算机仿真技术的有效应用必须依托于先进仿真应用需求，只有仿真应用需求向前发展了，才能带动仿真技术的发展。未来的战争是信息化战争，信息化战争需要符合信息化战争的仿真技术。我们要瞄准未来信息化战争，建立一体化仿真环境，使信息化战争的相关关键技术能通过综合仿真环境来体现或实现，大力发展仿真网格技术、虚拟样机及支撑环境技术、复杂大系统仿真的VV&A技术，以及软武器的仿真、信息武器的仿真、C4KISR的仿真与评估、信息化战争的仿真等关键技术，提高建模与仿真的综合性、真实性、实时性、可重用性、互操作性及其和人与环境交互的协调性。

（2）计算机仿真向虚拟化方向发展，仿真建模向复杂化、精确化、组件化、交互式方向发展。虚拟现实是计算机仿真的典型技术，为人类再现现实世界和实现梦境提供了技术支撑。建模理论和方法，是推动计算机仿真技术进步发展的基础和重点研究方向，是计算机仿真可持续发展的基础。当前无论是武器系统还是工业系统，都在向大型化、复杂化方向发展，相应地必须开展支持复杂大系统建模的理论和方法研究。当今信息化战争的作战理论已从线性理论拓展到非线性理论，而建模理论也向复杂系统、非线性系统建模转变。高技术战争要求对作战过程的模拟必须是一种精确化模拟，因而必然要求高精度的建模与之相适应。组件化代表着模块化的发展方向，未来基于组件的即插即用的仿真构造环境将呈现为桌面仿真平台、半实物的仿真床和大型的仿真实验场三种形式。为满足复杂化、精确化、组件化的模拟要求，交互式仿真将日益重要，人机结合才是最佳的仿真方式。

（3）计算机仿真向多方法融合方向发展。目前，复杂系统仿真的相关研究，其中有些方法或技术已经融入到复杂系统的研究之中，其他也存在着与复杂系统仿真结合的可能性，或者与复杂系统仿真存在近似的地方，这里简要列举几个方面如下：

1）并行。复杂系统由于极端复杂，往往计算量巨大，因此利用并行计算可以在一定程度上缓解这一问题。目前并行与遗传算法、神经网络、粒子群优化算法等已进行了大量结合，效果明显。

2）协同。复杂系统往往规模庞大，且涉及领域繁多，通过多领域、多人协同工作对于复杂系统研究有着一定的推动作用。

3）创新。创新过程的本质是一个演化过程，而创新对演化的内部机理已经有了一定的研究，比如 TRIZ、可拓学等指出创新的实质是对冲突处理的过程，即通过冲突检测、提取与消解使得原系统发生了质变，变换为更高级的系统。对这类规律进行分析、借鉴，将其引入到复杂系统仿真的研究中，有助于复杂系统演化规律的研究。

4）相似。目前在复杂系统分形的研究中，自相似已经得到了一定程度的运用。进一步总结和深入运用相似理论，有助于复杂系统的结构解析；对于复杂系统中规律的总结均有着一定的推动作用。

5）模板。模板的基本思想是从一组相似事物中抽象出本质特征，并基于这些特征进行处理，这些特征以及对特征的处理方法形成了模板的重要基础。将模板思想引入到复杂系统研究中，可以先在复杂系统中提取出某一部分规律，形成初始的模板，然后再不断深入，将后来提取出的本质特征不断添加到模板之中，采用递增式的处理方法，逐渐逼近复杂系统。

6）VV&A。VV&A 已经在复杂系统扮演了重要的角色。仿真系统的可信度问题对于复杂系统仿真的效果是个重要的度量方法，因此受到了广泛关注。

7）可视化。仿真与可视化密不可分，在对仿真结果的可视化已经成为仿真的惯例。但不仅如此，由于复杂系统的建模也极其困难，在早期阶段引入可视化，不仅使复杂系统简单起来。当前复杂系统仿真研究主要涉及四个方面：复杂系统仿真方法、复杂系统研究的辅助方法、复杂系统仿真的相关研究方法、复杂系统仿真的相关研究领域；以复杂系统仿真方法为指导，以复杂系统相关研究方法为基础，以复杂系统相关研究领域为参考，以复杂系统仿真的辅助方法为补充。

计算机仿真方法可以对产品的实现过程作出可靠的预测，大大促进产品设计、过程设计、过程运行甚至企业管理水平的提高，摆脱以往设计—物理实验—修改的产品开发过程。要实现装备制造业的振兴规划，必须推动技术和产品的更新和升级，在装备的论证、设计、制造和实验过程中，将仿真技术、信息技术与装备制造技术不断融合，提高装备制造业的智能化、数字化和生产过程自动化，增强企业自主创新能力和提高装备的科技含量，从而实现“装备制造大国”向“装备制造强国”的转变。

3.1.1.4 计算机仿真的独特作用

计算机仿真方法应用的独特作用主要表现在以下四个方面：

（1）优化系统设计。对于复杂系统的研究，一般要求达到最优化，为此必须对系统的结构和参数反复进行修改和调整。这只有借助计算机仿真方法才能方便、快捷地实现。

例如，对于机电液一体化系统，如采用传统设计方法，运用各子系统或学科顺序设计方法进行设计，忽略了各子系统或学科之间的相互影响和耦合作用，使设计结果常常不是最优解，而且设计效率低、周期长，设计成本高。因此，如何综合协调各个子系统进行多学科设计已成为机电液一体化系统设计的关键问题。仿真方法是在航空领域迅速发展起来的解决复杂系统设计与优化的多学科设计优化方法，可对机电液一体系统的优化设计方法进行了较全面的研究，可以利用仿真方法搭建机电液一体系统的仿真优化平台，有效地利用了仿真软件的虚拟样机建模、液压系统建模、软件动力学仿真、软件静力学分析等，实现了基于联合仿真的机电液一体化系统集成优化。结果表明，采用搭建的基于计算机仿真方法的机电液一体化系统设计优化平台进行优化是可行的，结果是可靠的，通过仿真优化验证了机电液一体化系统近似模型和优化算法的有效性，显著降低了整个系统设计优化模型优化的计算时间，大大提高了系统设计效率。

（2）降低研制和实验成本。对于复杂的工程系统，如果直接进行实物实验，则费用会很高。而用计算机仿真就可以大大降低相关费用。

例如，实弹研制过程中时，尽管广泛采取了遥测和监控设备，但还是很难避免故障，达不到前期设计需求，需要进行反复的研制-实验-修改等过程。而利用仿真方法，可以在设计和研制过程中，对数据进行反复校验，进行设计修正，直到满足前期设计需求后再进行实物研制，大大降低了研制成本。同时，过去要对新开发的导弹等武器装备进行考核，主要依靠实弹发射，但实弹发射耗费大，而且在某种意义上来说还是一种不精确的评价方法。采用计算机仿真，系统的大部分质量检验和实验“飞行”，都可以在实验室里进行，而与实弹发射实验相比，费用大大减少。

（3）降低工程风险。对于一些难度高、危险大的复杂工程系统，如载人航天飞行，若直接实验，一旦失败则无论在经济上还是在政治上都是难以承受的。为了减少风险，必须先进行计算机仿真实验，以提高成功率。又如，随着地铁隧道工程的迅速发展，地铁隧道与地面工程相比，存在地质条件复杂、工艺多样化、作业空间受限等特点，给施工风险管理带来较大难度，利用计算机仿真方法对地铁隧道进行系统动力学模型和仿真模拟，提高系统动力学模型的精度，并且利用仿真评估软件对地铁隧道施工风险进行评估研究，大大避免了地铁隧道工程的潜在风险。

(4) 提高预测能力。对于各种非工程复杂系统，如经济、军事、社会等系统，几乎不可能进行直接实验研究，因而很难准确预测其发展。但计算机仿真实验却可以在给定的边界条件下，推演出此类系统的变化趋势，从而为人们指定对策提供可靠的依据。

如舰空导弹实验复杂性高，利用计算机仿真推演舰空导弹实验辅助安控方法。在导弹实验仿真过程中，进行目标－计划匹配、关键点信息提示以及导弹辅助安控，能够根据导弹实时飞行状态进行自毁预判，为靶场实验方案的制定提供参考。又如，在联合作战中，可利用计算机构建作战模型、交战规则和基础数据，通过推演控制完成对作战方案中各类行动的仿真和推演，以评估作战方案的科学性、有效性和可行性，为作战方案优化提供定量和定性的参考依据。

3.1.1.5　计算机仿真的应用领域

随着自主创新成为我国的一项基本国策，各行业技术创新事业的发展特别是国家产业政策强力推动的卫星应用、大飞机、高速轨道交通、船舶等复杂系统高端装备产业的发展，高科技装备制造业面临着蓬勃发展的形势，这为计算机仿真方法的快速发展提供了历史性机遇。计算机仿真方法能广泛应用于军工、航空航天、电力、原子能工业、石油化工等行业，特别是应用于现代高科技装备的论证、研制、生产、使用和维护过程，在减少损失、节约经费开支、缩短开发周期、提高产品质量等方面发挥着重要的作用。

(1) 军工行业。计算机仿真技术最初来源于军事领域，目前军事仿真仍然是仿真技术的重要应用领域，包括武器技术仿真、武器系统仿真以及作战仿真等，已经在军队训练、武器装备研制、作战指挥和规划计划等方面发挥重要作用，成为国防领域的一项关键技术。

计算机仿真技术的应用贯穿于武器装备设计论证、研制、生产和使用维护的全过程。在设计论证阶段，需要在实物实现之前通过仿真模拟进行预先验证，降低项目风险；在研制阶段，要通过仿真模拟实验进行调试、测试，避免弯路，缩短研制周期，降低研制成本；在生产阶段，要通过仿真模拟测试完成部件测试、工位测试和出厂测试，以保障参与组装的设备或部件达标，生产出合格装备；在使用维护阶段，需要通过仿真模拟训练，建立保障预案、进行使用效能评估等。计算机仿真技术对保障武器装备的成功研制，降低研制风险、缩短研制周期、节约研制成本、提高武器装备的使用效能等都发挥着极为重要的作用。

（2）航空与航天工业。对于航空航天工业的产品来说，系统的庞杂、造价的高昂等因素促成了其必须建立起完备的仿真实验体系。美国等发达国家，为了降低航空航天新产品研制成本、加快研制进度、降低研制风险，在产品的设计开发阶段已经大量采用了计算机技术与系统仿真技术。在美国，1958 年所进行的四次发射全部失败了，1959 年的发射成功率也不过 57%。通过对实际经验的不断总结，美国宇航局逐步建立了一整套仿真实验体系，到 20 世纪 60 年代成功率达到 79%，在 70 年代已达到 91%，目前，其空间发射计划已很少有不成功的情况了。

（3）电力工业。电力系统是最早采用仿真技术的领域之一。在电力系统负荷分配、瞬态稳定性以及最优潮流等方面，国内较早地采用了数字仿真技术，取得显著的经济效益。在三峡水利工程的子项目——大坝排沙系统工程设计中，设计人员也采用了物理仿真的方法，取得了较完善的研究成果。

近年来，国内在电站操作人员培训模拟系统的研制上，达到了国际先进水平，为仿真技术的应用开辟了广阔的前景。

（4）原子能工业。由于能源的日趋紧张，原子能的和平利用在世界范围内为人们广泛重视，随着核反应堆的尺寸与功率的不断增加，使得整个原子能电站运行的稳定性、安全性与可靠性等问题成为必须要解决的问题。因此，几乎大部分核电站都建有相应的仿真系统，许多仿真器是全尺寸的，即仿真系统与真实系统是完全一致的，只是对象部分，如反应堆、涡轮发电机有关的动力装置是用计算机来模拟的。核电站仿真器用来训练操作人员以及研究异常故障的排除处理，对于保证系统的安全运行是十分重要的。

目前，我国及世界各国核技术先进国家在这方面均建立了相当规模的仿真实验体系，并取得了可观的成果。

（5）石油、化工及冶金工业。石油、化工生产过程中有一个显著的特点就是过程缓慢，而且往往难以控制。生产管理、生产计划、经济核算等搅在一起，使得综合效益指标难于预测与控制。因此，仿真实验成为石油、化工及冶金系统设计与分析研究的基本手段，仿真技术是对这些领域的技术进步也不同程度地起到了促进作用。

随着现代科技特别是计算机技术水平的不断提高和成本的不断下降，工程系统变得越来越复杂，社会、政治、经济、生态等传统上的非工程系统也越来越“工程化”，以前所未有的规模使系统的建模、分析和控制复杂化。特别是因特网的兴起，使以前十分简单的系统可以迅速地“联网”扩展，以极快的速度和极低的成本“复杂化”，同样，针对复杂系统的仿真方法和技术也成为研究的新热点。

3.1.2　仿真方法是复杂系统创新研究最常用的方法

作为科学的实验手段，仿真方法已成为高科技产品从决策、论证、设计、实验、训练到更新等全生命周期各个阶段不可缺少的技术创新手段，为研究和解决复杂系统问题提供了有效的工具。它是一种可控制的、无破坏性、耗费小并允许多次重复的实验手段，是复杂系统创新研究最常用的方法。

（1）复杂系统创新研究的对象是复杂系统。复杂性是生活的真实存在，是当人们进行装备制造、搭建一个智能系统或要更好地了解这个世界时必须面对和解决的一种状态。复杂系统多种多样、无处不在，与国民经济和人们的生活息息相关，涉及到人类生产生活各个方面。

复杂系统最典型的应用涉及军事和民用领域，如装备研制，战法研究，战场推演等。在我国，复杂系统所涉及国防、航空、航天、高铁、电子等。这些产品实验阶段可以采用成本较高的实物进行。但随着系统复杂度提升，子系统间存在诸多影响因素。业内普遍存在产品研发周期长，经费耗费巨大的现象。同时，复杂系统的研究不同于一般系统，必须考虑其自适应性、涌现性、不确定性、预决性、演化性和开放性等，作为科学的实验手段在通过实物进行实验时很难准确判断问题所在。

（2）仿真方法和复杂系统的融合是必然选择。现在，仿真科学与技术经历了20世纪后50年的飞速发展，已成功地应用于航空航天、信息、生物、材料、能源、先进制造等高新技术和工业、农业、商业、教育、军事、交通、经济、社会、医学、生命、娱乐、生活服务等众多领域。由于计算机技术的高速发展，科学计算和计算机仿真方法已经成为科学研究中除理论研究和科学实验以外的第三种方法。现在，建模与仿真技术和高性能计算技术相结合，正成为继理论研究和实验研究之后的第三种认识和改造客观世界的重要方法。

在世纪之交，对广泛领域的复杂性问题进行的科学研究的热潮正在兴起，有人预测关于复杂性的研究是21世纪的科学。在还原论导致学科划分给人们呈现一个更加细微的微观世界的同时，也使人们对于整体性的认识更加模糊。复杂性问题的提出，推动了整体论、系统论的巨大发展。尤其是系统论大大推动了各学科的融合。而仿真技术在计算机技术、网络技术、图形图像技术、多媒体技术、软件工程、信息处理、控制论以及系统工程等技术的发展和支持下，逐步发展成为具有了广泛应用领域的新兴的交叉学科——仿真科学。仿真系统从一开始就是整体论的产物。由此可见，新的仿真技术已成为了目前关于复杂性研究的一种有效可行的方法和工具。比如，武器装备的论证研究、高铁轨道的实验运行、航天飞机的模拟训练等就可以通过对复杂系统进行建模与仿真来进行研究。复杂系统与仿真的结合不仅是复杂系统本身发展的必然要求，也是仿真技术发展到现阶段的固有需求。

不仅如此，“复杂性”研究推动了计算机仿真技术的发展。研究构造复杂系统人工模型的建模方法；开发相应的仿真软件用以仿真和预测复杂系统的动态行为；仿真和研究复杂系统的预决、适应、自组织、演化的动力学过程，成为复杂系统仿真方法研究的主要任务。

（3）仿真方法是复杂系统研究的主要方法。复杂系统的研究不同于一般系统，对复杂系统进行研究时，必须考虑其自适应性、涌现性、不确定性、预决性、演化性和开放性等。由于复杂系统构成要素多、结构复杂，各种要素通常以非线程的方式组合到一起，因此对于复杂系统通常无法建立系统的解析模型，只能采用仿真的方法对复杂系统进行研究，计算机仿真也自然成为目前研究复杂系统的基本方法。

现代仿真体系已经形成，并日趋完善。在军用仿真技术应用领域，正向服务于系统的全寿命、全系统和管理的全方位方向迅速发展，并正向作战仿真方向发展，是促进武器装备成系统、成建制地形成战斗力和保障能力的强有力手段；在观念上，仿真方法与高性能计算一起，正成为继理论研究和实验研究之后第三种认识、改造客观世界的方法，是解决复杂系统的重要技术手段。

3.1.2.1 计算机仿真方法研究的难点

由于复杂系统的独特性，计算机仿真方法研究存在以下难点：

（1）复杂系统研究的理论基础尚未达到如物理系统领域的抽象程度，通过系统分析而产生的数学模型常常可信度比较低。

（2）复杂系统往往具有病态定义的特征，即很难以一种严格的数学形式来对它进行定义及定量分析。

（3）复杂系统的另一个难点是病态结构，系统结构很难从空间和时间上加以分割，很难确定系统的边界和水平。

对复杂系统的观测和实验都比较困难，从而使获得的数据对于系统行为的反映可信度及可接受性降低。复杂系统的仿真方法是将系统科学和计算机科学紧密相联，实质上应包括三个基本要素：系统、模型和计算机。将三个要素结合在一起的三个活动是：数学建模、仿真建模、仿真实验及分析，如图 3-1 所示。

3.1.2.2 仿真三要素

仿真三要素通过以下三个基本活动联系起来：

（1）数学建模：数学建模是通过对实际系统的观测和检测，在忽略次要因

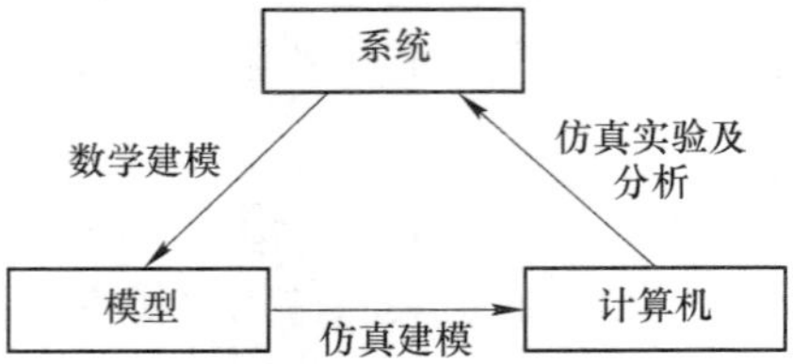

图 3-1 系统仿真三要素

素及不可检测变量的基础上，用数学的方法进行描述，从而获得实际系统的简化近似数学模型。这里应该注意数学模型的实验性质，即数学模型同实际系统的功能与参数之间应具有某些相似性和对应性。实际上可以理解为为了某个特定目的，以对于某个系统的先验知识为前提，以前期实验数据为基础，将某一系统或者其子系统用数学语言进行描述。一般是以相似原理、模型理论系统技术、信息技术以及建模领域的有关专业技术为基础，以计算机系统、与应用有关的物理效应设备为工具，利用模型对系统（已有的或设想的）进行研究、分析、评估、决策。

（2）仿真建模：仿真建模即模型程序化，就是对系统的数学模型进行一定的算法处理，使其变成合适的形式，并能在计算机上进行数字仿真的可计算模型。仿真模型反映了系统数学模型与计算机之间的关系，它应能为计算机所接收，并能进行运行。实际上可理解为先要设计算法使系统模型能被计算机所接受，然后编程，再在计算机上运行，由此产生仿真算法、仿真软件。随着仿真系统向复杂仿真系统的发展，对建模技术提出了更高的要求。在仿真建模方面，仿真模型的种类和建模方法大大增加了，其中仿真概念模型、面向对象模型、基于 Agent 建模等方法是最新发展的趋势。

（3）仿真实验及结果分析：仿真实验实际是对仿真模型的运转。为了使仿真模型能够运转，需要设计一个合理而方便的服务于系统研究的实验步骤和软件，并对仿真结果进行分析，由此产生了仿真测试软件、效能评估软件。对仿真实验产生的数据进行分析得出相应的结论，这个步骤最有实际意义。目前，如何从仿真实验数据中发现有价值的结论也是一个很重要的研究领域。

对于复杂系统，由于其结构复杂，所以无法建立完全精确的模型。但可根据分而治之的原则，先建立仿真子系统来研究系统的某个特性，最后综合而得到仿真系统。由于复杂系统具有涌现性，各个仿真子系统集成为仿真系统时必须考虑这种特点。建好模型和仿真系统后，研究人员通过进行仿真实验来研究复杂系统，同时根据仿真结果来不断地完善仿真系统，从而逐渐逼近原系统。简单的说，系统仿真的基本步骤就是根据研究目的，建立模型并通过模型在计算机上的运行对模型进行检验、修正和分析的一系列过程。系统仿真的基本步骤如图 3-2 所示。

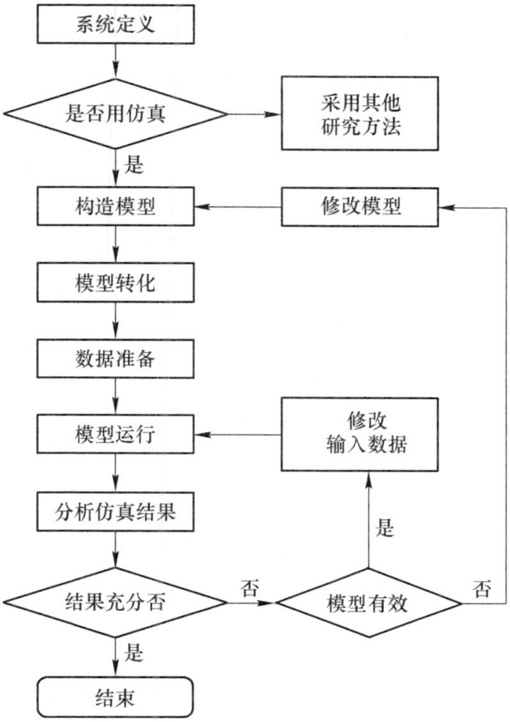

图 3-2 系统仿真的基本步骤

3.1.2.3 仿真步骤

在多年的仿真实践过程中，为了便于相关人员更好地开展仿真研究工作，对图 3-2 中的基本步骤逐步形成了相对固定的仿真工作流程。即将整个仿真过程划分成几个相对固定的工作阶段，目前比较通用的阶段划分方法，将仿真过程划分为：需求采集阶段、系统建模阶段、仿真开发阶段、仿真运行阶段、仿真结果处理阶段，通常不同的阶段由不同的仿真工作人员负责。

(1) 需求采集阶段。在进行仿真研究之前首先需要明确进行仿真研究的目的，这是进行一切仿真研究的起点，也是最后检验仿真研究是否有效的标准。因此需求采集在仿真研究过程中占有非常重要的地位。

需求采集是仿真人员在与客户进行沟通的基础上进行的，通常是通过交谈、调查等手段，了解客户的需求。需求采集应当制定相应的计划，并采用一些方法与客户进行沟通以获得一个满意的结果。

由于仿真人员和客户所从事的领域以及具备的背景知识通常相差较大，导致仿真人员与客户在沟通过程中存在诸多问题。为了解决这些问题，便于仿真人员与客户之间的沟通，逐步形成了需求采集模板，采取表格的方式记录收集到的需求信息，从而可以规范需求采集活动。由于仿真人员可以根据需求采集模板与客户进行交流，大大提高了需求采集工作的针对性和有效性，在出现理解偏差时也便于再次沟通和纠正。

随着信息技术的不断发展，甚至出现了专门用于需求采集的软件系统，这类软件系统通常可以方便地制作需求采集模板，并且能够对完成的需求文档进行统一分类管理。从而进一步提高了需求采集的工作效率。

（2）系统建模阶段。仿真方法是通过系统模型对真实系统进行研究的一种方法，因此仿真研究离不开系统模型，在此所说的系统模型主要是指数学模型。

由于通过仿真方法研究的系统通常比较复杂，在建立能够描述系统的数学模型之前需要对系统有一个充分的认识。因此系统建模阶段，通常又分为系统分析和模型构建两个步骤。

系统分析基本上对应于图 3-2 中的系统定义部分，在这一步中首先要给出系统的详细定义，明确系统的目标，以及目标能够实现的衡量标准。其次必须描述系统的约束条件，并确定研究范围，即哪些实体属于要研究的系统，哪些属于系统的环境。同时对解决问题的途径，可能的费用、预期的效益进行分析。为了便于建模人员和后续仿真软件开发人员之间的交流和沟通，通常采用规范化的文档描述系统分析的结果，因此在有些领域特别是军事领域，也将这一步称为概念建模阶段。这一步骤结束后，基本上也就明确了当前问题是否需要采用仿真方法进行求解。

系统分析完成后就可以进行数学模型的构建了。这一步根据系统分析的结果，确定系统中的变量，依据变量间的相互关系以及约束条件，将它们用数学的形式描述出来，并确定其中的参数，即构成系统的数学模型。数学模型通常是以数学公式、图表等形式表示的。所建立的数学模型必须是对系统的那些与研究目的有关的基本特性的抽象，即数学模型所描述的变量及作用关系必须接近于真实系统。同时数学模型的复杂程度应当适中。模型过于简单，可能无法真实完整地反映系统的内在机制；而模型过于复杂，可能会降低模型的效率同时又增加了不必要的计算过程。

建立系统模型必须依据与系统有关的信息，因此在需求采集和系统分析过程中必须设法获得尽可能多的有用信息。建模过程主要可以利用以下三类信息源。

第一类是建模目的的信息。这些信息是在需求采集阶段获得的，事实上，一个系统模型只能对所研究系统给出一个非常有限的抽象。但有时一个系统中又会有多个研究目的，从而造成对系统描述的不唯一。因此，建模目的对模型的形式有很大的影响。在不同的建模目的下，同一个行为有时可定义为系统的内部作用，有时又可定义为系统边界上的输入变量。同时，如果仅需要了解系统与外界的相互作用，那么可以建立一个以输入输出为主的系统外部行为模型。而若希望了解系统的内在活动规律，就要设法建立一个描述输入集合、状态集合及输出集合之间关系的内部模型。

第二类是先验知识。很多实际系统中的内容是已经被前人研究过的，而且有些部分经过长期的研究已经积累了丰富的知识并形成了科学分支。在这个分支中，已经发现了许多原理、定理和模型。前人的研究成果可以作为后人解决问题的起点。因此在系统建模过程中，可以从系统有关的已有知识出发，提高建模速度和正确性。如果相同的或相关的过程已经为其他建模者为了类似的目的而进行过分析而且结论证明是正确的，那么就没有必要重复这部分工作，可以将这些先验知识作为建模的信息来源。

第三类是实验数据。建模过程的信息来源，也可通过对系统进行实验和观测获得。在系统建模过程中，仅有先验知识是不充分的。先验知识尤其是与系统相关学科中的原理和定理是带有普遍性的，而实际系统除了适应普遍原理之外，还有其特殊性。即使两个相同的系统，在不同的环境条件下，所表现出的特性也不会完全一样。因此对实际系统的实验和测量是掌握系统自身特点的重要手段。通过实验可获得一定数量的实验数据，这些实验数据是建立系统模型的有一个重要来源。

根据模型信息源的不同，建模途径主要有演绎法和归纳法两种。演绎法是一个从一般到特殊的过程，将模型看作是从一组前提下经过演绎而得出的结果。假定对实际系统已经有一些定理和原理可以利用，由此可以通过数学演绎和逻辑演绎来建立系统的模型。归纳法是基于实验数据来建立系统模型的方法。这种方法从观测到的行为出发，试图推导出与观测一致的带有普遍性的结论。由于实验数据往往是有限的，而且是不充分的，所以归纳过程中必定会要求对数据进行某种外推。实际上，采用单一的途径建模很难获得有效的结果，通常是采用混合的途径，而如何进行混合则是一个关键问题。

（3）开发阶段。仿真开发阶段对应于图 3-2 中的模型转换步骤。这一阶段的工作很明确，就是将上一阶段建立的数学模型变成能够运行的计算机程序，也称为建立系统的仿真模型，即用计算机语言（高级语言或者专用仿真语言）描述数学模型。

建立系统的仿真模型过程包括根据系统的数学模型，确定仿真模型的模块结构，确定各个模块的输入输出接口，确定模型和数据的存储方式，选择编制模型的程序设计语言等。程序设计语言包括通用语言和专用仿真语言。专用仿真语言的优点是使用方便，建模仿真功能强，有良好的诊断措施等，缺点是模型格式确定，缺乏灵活性。近年来，专用仿真逐步被通用仿真语言代替，目前通常采用C/C ++这类通用编程语言构建系统的仿真模型。

仿真模型开发基本上是根据数据模型编写程序，开发仿真软件。这项工作需要专门的软件开发人员承担，而且无论是工作量还是难度都比较大。为了降低开发难度和工作量，逐渐出现了专门用于辅助仿真模型开发的建模工具，这类工具通常采用模块化建模方法和图形工作界面，开发人员通过图形界面构建各种仿真模块，然后便可以自动生成相应的代码。因此现在仿真建模的一个趋势是基于一体化开发平台开发相应的仿真模型。

（4）仿真实验设计阶段。仿真实验设计是指正式进行实验之前，根据实验的目的和要求，运用有关数学原理，对实验因子、研究方法和实验步骤进行预先设计。实验设计在整个仿真实验过程中占有极其重要的地位。一个实验如果设计因素很多，可能需要大量的实验次数才能得到所需要的结果。因此，在实验设计中就必须仔细考虑哪些实验要做，采用哪些因素和条件，以及实验的先后顺序等。如果实验设计的合理、周密、科学，便可使用比较经济的人力、物力，在较短的时间内获得丰富而可靠的资料和科学的结果。

简单地讲，实验设计就是确定需要进行的仿真实验的方案并准备相应的输入数据。实验方案的选择与系统设计的目的及模型可能的执行情况有关，同时也与计算机的计算能力及对仿真结果的分析能力有关。通常仿真实验方案涉及到的内容包括初始化周期的长度、仿真运行时间、每次运行的重复次数等。

设计好实验方案之后，就需要为仿真运行准备输入数据了。这一步骤基本上对应于图3-2中的数据准备步骤。数据准备也是一项繁琐的工作，通常数据准备的工作时间会远远大于仿真运行的时间。例如，在军事仿真领域，为了模拟大约一个星期的作战行动，通常需要花费1个月的时间准备各项数据。仿真运行就是以这些数据作为输入，然后进行计算，推演系统的后续状态。

（5）仿真运行与管理阶段。所谓仿真实验的运行，是在仿真实验设计的基础上，由仿真系统根据仿真实验方案输入的有关数据运行相应的模型，产生出仿真实验数据的过程。在运行过程中了解模型对各种不同输入数据及各种不同的仿真机制的输出响应情况，通过观察获得的实验数据，预测系统的实际运行规律。模型的仿真运行是一个动态过程，通常需要反复地进行实验。

在仿真运行过程中会产生大量的仿真计算结果，为了便于事后分析，如何保存仿真结果至关重要。通常在设计仿真模型时，就会对仿真输出数据进行了相应的规范，目前通常采用数据库保存仿真结果，从而可以在仿真运行结束后，再专门对保存在数据库中的仿真数据进行各种分析，得到所期望的结论。

仿真实验运行管理，就是通过对仿真实验过程、仿真运行方式以及各种仿真模型的控制和管理，完成仿真实验计算、实验过程观察、实验数据收集等工作的活动。仿真运行管理是一个复杂的工程化管理活动，一般包括仿真实验输入数据管理、模型或仿真系统的继承、仿真实验运行控制、实验数据收集与观察等内容。

（6）仿真结果分析处理阶段。仿真结果分析处理就是采用多种分析方法、对仿真实验结果数据进行多层面、多粒度的统计、综合、挖掘和合成，从中找出实验问题的规律或奇异点，得到研究问题的结论，达到实验分析目的的过程。

仿真实验的目的是为研究者提供分析的手段，如果说仿真实验的运行产生了大量的数据还不是结论的话，那么仿真结果分析处理的目的就是要把这些数据转变成结论，而这个结论需要相关分析人员在仿真实验分析系统的支持下才能得出。事实上，对于仿真实验结果数据的分析需要贯穿整个仿真实验的全过程之中，而不仅仅局限在“事后分析”这一阶段。

仿真结果分析一般有两种工作方式：一种是回放分析方式，即将仿真结果按照仿真的进程实时地提交给分析人员去研究，例如作战实验的实时态势显示。这个过程一般只是针对某个问题的一次仿真，既可以与仿真同时进行，也可以全部仿真完毕后再逐一复现。为保证分析过程的灵活性，一般都采用复现的方式，所以称为回放分析。另一种是事后分析方式，即将所有的结果都模拟出来之后，再专门对结果进行详细的分析。这个过程与第一种方式最大的不同是可以采用多样本分析，也即对某个问题进行多种不同参量的仿真，得到全部结果后再进行全面的分析。这种情况一般在分析样本较多、仿真运算量很大、无法实时完成分析任务时比较常见。因为这个过程主要在仿真之后完成，所以简称为事后分析。实际上，回放分析也是在事后完成的，如此分类主要是为了强调它们所关注的重点。

在传统的离散事件系统仿真中，在许多情况下仿真实验输出的数据，由于存在随机变量，其结果数据中也带有随机性，并不能直接反应结果，需要采用数理统计的方法处理成数学期望和方差等形式才能使用。

对于复杂系统的仿真实验，由于仿真结果具有多维特征，单纯依靠传统的统计方法很难得出仿真结论，需要采用相应的多维数据分析方法。多维数据分析方法是指对以多维形式组织起来的数据采取切片、切块、旋转等各种分析动作，从而深入地了解包含在数据中的信息和内涵。多维数据分析方法适应了人的思维模式，因此减少了混淆并且降低了出现错误理解的可能性。多维数据探索性分析的方法主要有数据挖掘技术和联机分析处理技术等，以及建立在两者基础上的探索性分析技术。探索性分析方法是目前应用比较广泛的一种复杂系统分析方法。其基本思路是考虑大量不确定性想定条件下各种方案的不同后果，理解和发现复杂现象背后数据变量之间重要的关系，广泛地试探各种条件下可能产生的结果，理解不确定性因素对于想定问题的影响，全面把握各种关键要素，探索那些完成相关任务所需要的系统能力、采用策略以及不确定性环境要素的影响，寻求满意解以及后续探索调整方案。

3.1.3 “普惠环”是基于模型的系统工程仿真方法

仿真方法已经被认为在装备论证、研制的主要方法，可以有效降低实物实验的成本，提高研发效率，是目前研究各类复杂系统创新最重要的手段之一。运用仿真方法分析解决创新研究中的问题，也成为必然的选择。

国内仿真方法应用时间不长，大多数都是参考系统仿真的运行程序进行需求采集，系统建模、仿真实验、仿真运行与管理，以及仿真结果分析与处理，各阶段自成体系，数据孤岛现象较多，过程衔接缺乏有效的数据支撑，上下游数据追溯困难，严重影响仿真效率。传统的单一性仿真方法已无法满足复杂系统产品的快速发展要求。神州普惠在仿真领域有十多年的技术积累，自主研制的“普惠环”一体化仿真支撑平台是一套基于模型的系统工程的仿真方法，形成了以资源为中心，从“需求采集与管理→体系建模→可视化演示验证→仿真和测试→效能评估→资源管理”的一个仿真方法闭环，覆盖了仿真前、仿真中和仿真后的所有活动。可以全面提升装备论证、规划、分析和设计能力，保证装备论证和设计的各个工程阶段研究对象的一致性，使系统工程过程更加规范、高效和成熟，有效地改善原有工作流程，可显著提高装备研发的质量与效率，且支持各个活动之间数据贯通，实现资源共享，是国内首创的全生命周期仿真一体化支撑平台。

3.1.3.1 “普惠环”内容

“普惠环”包含需求采集、体系建模、可视化演示、仿真测试、效能评估和资源管理6个环节，涵盖了系统仿真的所有步骤。“普惠环”基于需求驱动、体系结构主导、模型支撑和持续验证的现代工程核心思想，通过资源管理和设计共享机制，把需求采集与管理工具、体系建模工具、想定预演工具、仿真/测试工具、分析评估工具等有机地整合为武器装备论证与设计一体化仿真支撑平台，形成一个成熟的闭环系统，如图3-3所示。

（1）需求采集与管理工具——“写”出对复杂系统的基本要求。需求是复杂系统论证和建设的牵引。复杂系统的需求就好比是找对象，首先要对心目中“她”的基本条件做到心中有数，有了方向，才能找到心目中的“她”。因此，复杂系统的论证和建设首先就是要对系统应完成什么任务、具备哪些功能、达到哪些要求进行分析和研究，从而为后续的工作找到一个明确的目标。复杂系统在论证过程中，随着研究和认识的深入，需求也会相应变化；有时某一方面需求的变化可能会引发连锁反应，变得不可控制。因此，需要对需求进行全面的采集和科学的管理。“普惠环”的需求采集与管理工具 AppRS 系统通过需求模板定制，

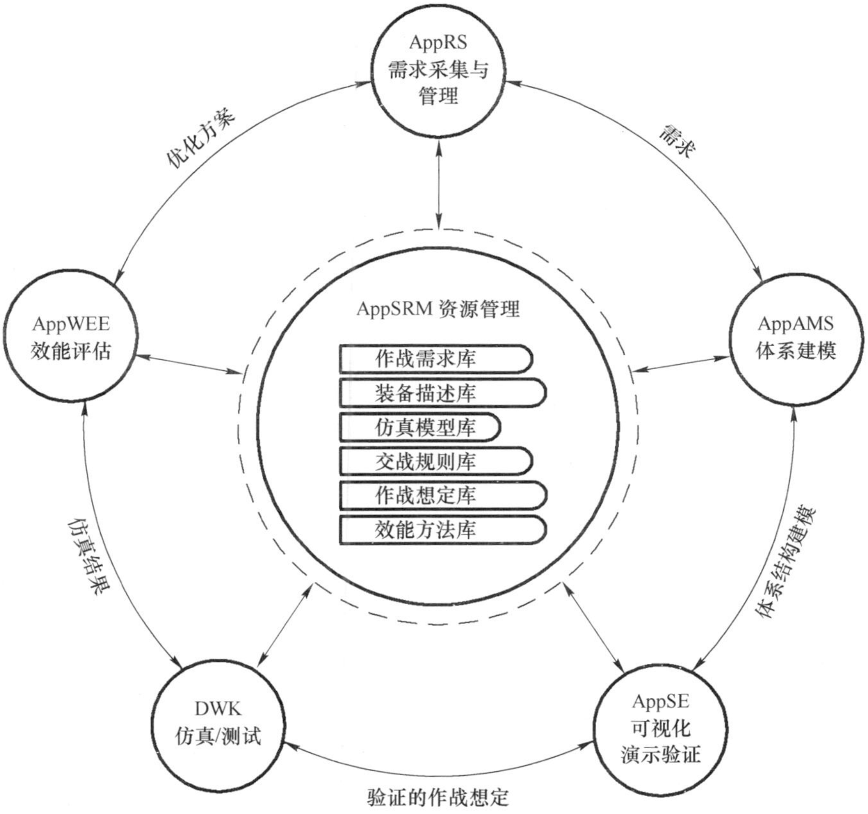

图 3-3 “普惠环”仿真一体化平台

需求文档条目化，需求版本更新和需求变更控制等功能，可以对复杂系统论证和建设项目的需求进行持续不断的管理，确保对心目中的“她”始终有一个清晰的目标。

（2）体系建模工具——“画”和“建”出复杂系统的标准结构。我们对心目中的复杂系统应当具备的功能和达到的要求等有了文字性的描述，但还不够形象和具体，要想让研发人员为你开发出理想的系统，就必须给研发人员一个标准的画像，确保每个研发人员对复杂系统的需求都有一致的理解而不会产生偏差。体系建模就好比机械制图，通过正视图、侧视图、顶视图和剖面图等对零件进行标准化的描绘，确保图纸拿到任何一个工厂都可以将零件加工生产出来。“普惠环”的体系建模工具，以项目需求为依据，通过对复杂系统的使命、任务、功能、系统和技术进行可视化的描述，以视图的方式将系统的任务空间、能力空间、功能组成、系统结构、技术架构、信息流程交互和接口关系等用体系建模工具“画”出来，将系统的需求变成具体的系统总体架构，用标准化的“语言”

保证对系统需求理解的全面、准确、一致。

我们对复杂系统的总体架构以视图的形式“画”了出来，但这还只是平面化的描绘。我们要对复杂系统进行仿真论证的话，还必须对复杂系统及其运用环境进行抽象，采用计算的方法“建”出复杂系统相应的模型才能进行仿真验证。

模型的英文是 Model，和模特是同一个单词。服装设计师设计了一件衣服，效果怎么样呢，设计师可以先加工一件样品，找一个模特来穿在身上看看效果。同样道理，要对复杂系统的效能进行论证，也可以建立相关模型，让复杂系统也展示一下自己的风采。不过，这里的模型可不是什么泥塑模型或者合金模型，而是可以被计算机运行的仿真模型。同时，不仅要建复杂系统的仿真模型，还要建运用环境的仿真模型。复杂系统仿真建模可以区分为两个层次，一个是仿真实体建模，另一个是可视化实体建模。

伽利略曾经说过，大自然这本书是用数学的语言写成的。仿真实体建模就是利用数学工具把作战系统转变为计算机可运行的模型，是计算机建模仿真的核心，理论上讲，有了仿真实体模型就可以对复杂系统进行仿真验证，得到仿真数据，只不过我们在计算机屏幕上看不到任何系统及相关的运行过程罢了。

比如在复杂军事系统中，仿真实体建模主要经过作战系统 - 军事模型 - 数学模型 - 软件模型的处理过程，主要包括：战场环境建模、武器系统建模、作战行动建模等。其中，战场环境建模包括：地形条件建模、气象条件建模和电磁环境建模。地形是对作战活动影响较大的环境因素。地形条件建模主要对作战地区的地形起伏、植被情况、城镇建筑、主要道路、河流等要素进行量化处理，通常以作战地区的地形图为依据进行建模。气象条件是指作战地区的气候类型及作战时刻的季节和天气状况，主要包括温度、湿度、风力、雨量、冰雪覆盖、能见度等方面。对气象条件的量化和模拟，通常是以各种表述战场大气环境的数学模型和定量化天气预报为基础，有些参数以概率的形式来表述作战地区大气的变化，以适应武器系统仿真的需要。电磁环境是自然辐射和人工辐射各类信号的总和。电磁辐射对信息化电子化程度越来越高的武器系统影响愈来愈严重，甚至成为了武器系统的“阿喀琉斯之踵”。电磁辐射建模主要对作战区域内各类电磁信号的类型、强度等进行量化。

（3）可视化演示工具——“展”出复杂系统的运行方式。既然仿真实体模型就可以满足仿真活动的需求，那为什么还要开发可视化实体模型呢？我们认识世界的方式是通过自身的各种感觉器官，如视觉、听觉、味觉、触觉等，而单纯的计算机仿真，不能实现仿真过程的可视化，不能让我们对复杂系统的结构、运行过程、与其他复杂系统的协同、运行环境对复杂系统的影响等有一个完整、直观、沉浸式的感知，不能对复杂系统的运行活动有一个全面的认识，也就不能更好地对复杂系统进行评估和论证。

（4）仿真测试工具——“演”出复杂系统的运行能力。仿真模型开发完成之后，就可以制作基于仿真模型的仿真想定，对复杂系统在模拟环境下的运用过程进行仿真，为复杂系统的效能评估提供数据。

仿真想定就好比导演要排一部戏，首先要有剧本，对动作、人物、场景、片段进行描述，这样演员才能把戏表演出来。同理，仿真测试首先要对复杂系统运用的背景、场景、运用的过程、协同运行的相关系统以进行设计，这个过程就是仿真想定制作。“普惠环”的想定制作工为仿真实施人员提供了简便快速的仿真想定制作工具，只要通过拖拽、批量化部署等所见即所得的形式，就可以很快地完成仿真想定制作的全过程，并可以方便地对运行环境条件、运行模式进行灵活地调整，从而将复杂系统在各种条件下的运行能力进行全面的论证。

仿真想定制作写成之后，我们这场仿真大戏就可以真正开演了。“普惠环”的仿真部署和控制工具，可以对分布在不同地域的仿真计算机进行控制，实现准实时、同步化的复杂系统作战运用仿真。并且，仿真的速度可以灵活设置，原本需要一天、甚至两天才能完成的作战行动，可以缩短到几十分钟、数个小时内完成，大大提高仿真的效率。为缩短复杂系统研发周期提供支持。

（5）效能评估工具——“评”出复杂系统的真实表现。对于复杂系统进行论证也离不开打分评价方法，只有这样才能对复杂系统的效能进行量化的评价，为复杂系统的论证提供精确的依据。“普惠环”的效能评估软件为复杂系统的评价和优化提供了定量依据。利用效能评估工具可以根据复杂系统的性能指标、效能指标等构建复杂系统的评分项，还可以根据专家的意见确定每个评分项所占的权重。系统提供了 80 余种评估常用的统计、分析算法，评估人员利用拖拽等可视化的方法就可以完成对评估方法的设计，降低了评估算法设计的难度。评估数据的来源就是前面系统仿真验证产生的数据。我们既可以边仿真边评估，还可以仿真完再评估。评估的结果可以生成评估报告，并可以利用仿真产生的大数据，通过数据挖掘的算法，对仿真结果进行进一步的分析，从而，得出更深层次的分析结果，为系统的论证提供强有力的支持。

（6）资源管理工具——“存”储复杂系统运行数据。仿真过程中的数据使用一次就扔弃吗？如何在以后的工作中也能发挥热量，资源管理工具提供面向仿真实验的动态资源管理机制，可以对仿真过程中的数据进行实时存储和管理，使得大量的多种格式仿真数据进行统一归档，并支持环内工具资源共享，为今后系统升级和改型换代提供支撑。

3.1.3.2 “普惠环”的功能及特点

以上概括介绍了“普惠环”各工具软件的功能和作用，下面对各软件功能和特点做详细介绍。

A　需求采集与管理工具软件 AppRS

需求采集与管理工具 AppRS 软件提供一个方便、快捷的需求定义、采集和管理工具平台，可对用户的需求进行条目化的存储和管理。为复杂系统的仿真提供需求来源，支持同体系建模软件进行关联，可直观了解到需求是否被设计和实现。

a　AppRS 介绍

AppRS 以需求规范定义工具为基础，结合项目的基本情况，开发相应的需求采集规范。包括军事作战理论需求采集规范、指挥体制需求采集规范、典型作战样式需求采集规范、作战规则需求采集规范、兵力编组模式需求采集规范、装备运用能力需求采集规范等。需求规范库建成后，总体单位、协作单位在进行需求采集工作时可以在需求规范库中选择相应的规范进行需求采集，通过这种基于标准的需求规范模板采集需求，有助于系统功能与能力需求文档的标准化，形成典型联合作战样式和作战活动通用列表、作战信息交互分类、为后续需求管理、体系结构产品设计与评估提供数据支撑。总体单位利用需求规范定义开发工具开发需求规范、存储至需求规范库中。用户单位相关人员依据需求采集规范库中的相关采集需求，利用需求采集工具进行需求采集的工作，形成需求文档。最终将采集的符合需求规范模板的文档提交至需求管理平台进行统一的需求管理。

b　AppRS 软件的功能概述

AppRS 由需求规范定义工具、需求信息采集工具、需求数据管理平台三部分组成，平台的功能组成如图 3-4 所示。

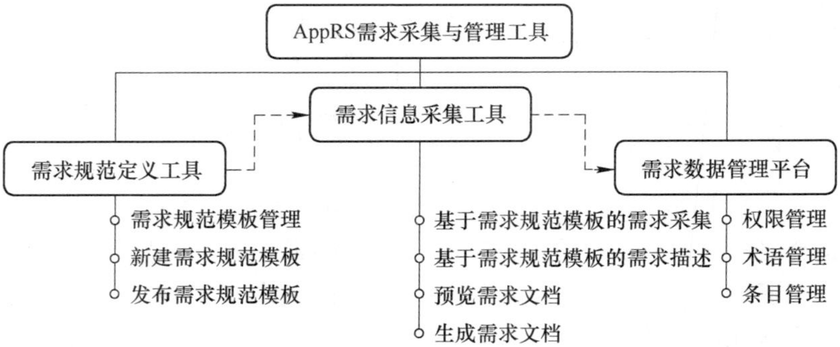

图 3-4　AppRS 软件的功能组成

（1）需求规范定义工具。在需求管理的各个阶段，需要编写不同的文档。需求规范定义工具用于开发这些需求文档的规范模板。在不同的领域和项目中，可利用这些规范模板快速编写相应的需求文档。

（2）需求信息采集工具。需求采集人员登录需求采集工具后可以连接到需求规范库中查看库中已有的需求规范，并可以基于已有的需求规范进行相应的需求采集工作。

（3）需求数据管理平台。需求数据管理平台是对所有采集到的需求进行集中、高效的管理。主要包括需求权限管理、术语管理、需求条目管理和需求版本管理等。

AppRS 需求管理系统以需求规范定义工具为基础，结合项目的基本情况，开发相应需求采集规范。需求规范库建成后，总体单位、协作单位在进行需求采集工作时可以在需求规范库中选择相应规范进行需求采集，通过这种基于标准的需求规范模板采集到的需求有助于需求文档的规范化与标准化，为后续需求管理、体系结构产品设计、仿真与评估提供规范的、一致性的数据支撑。总体单位及用户单位软件部署如图 3-5 所示。

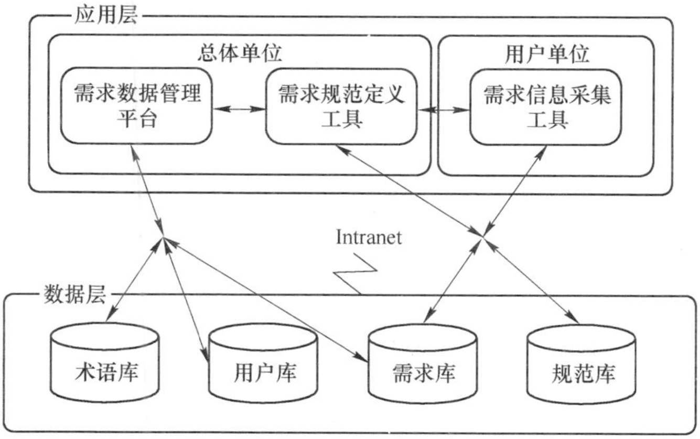

图 3-5　AppRS 不同用户的部署

c　AppRS 软件的优势特点

（1）条目化管理：AppRS 按项目（Project）和文件夹（Folder）来组织需求，对需求按条目进行管理，每个条目下又可分为若干子条目，形成需求的层次关系。需求和相关信息都可以存储在 AppRS 的中心的需求数据库中。这种数据库可以通过各种方式访问，并在应用系统的整个生命周期内存在。结构化管理：AppRS 通过为模块和条目添加属性信息实现对需求的结构化管理。属性为模块和对象的相关信息的注释提供了手段，包括模块属性、对象属性、系统定义属性和用户定义属性等。模块属性被用来获取有关模块本身的信息，例如模块拥有者、文档控制编号、评审状态等。对象属性被用来获取单个对象的信息。属性可能是系统定义的，也可能是用户定义的。系统定义的属性自动维护有关模块或对象的关键信息，例如创建时间和创建者；用户定义的属性可以被用来获取支持用户需求管理过程所需的所有信息。AppRS 所提供的各种标准属性类型叫做基本类型，通过这些基本类型可以定义属性，例如整数、实数、日期、字符串、文本、用户姓名。也可以有用户定义的属性类型。

（2）版本化管理：AppRS 通过基线实现对需求的版本化管理。基线是模块的冻结拷贝，一般在项目的重要阶段创建。例如，一组需求通常在紧接评审之前建立基线，并在紧接评审变更被采纳之后建立基线。这使得需求文档的各种状态能够随时并且很容易地重新产生。可以在 DOORS 中对基线进行编号和标注。

（3）跟踪管理：AppRS 为用户提供了无限制关系的、多级的、用户可自定制的跟踪能力，例如：需求到测试、需求到设计、设计到代码、需求到任务和项目计划到角色。AppRS 的跟踪向导可以如同需求那样跨多级地生成连接报告。

（4）权限化管理：AppRS 支持角色和权限的机制，来给用户分组。根据开发人员和管理人员承担任务，按照需要对每个工程和需求条目分配使用和操作权限，权限分为读取、修改、创建、删除等。为了明确责任，AppRS 为基线文本提供电子签名功能。权限控制可以决定谁可以在基线上签名，并把签名与属性相关联，表达“批准”或“拒绝”等含义。可以在线审阅签名，或在有基线的打印页中包括签名。

（5）导入/导出功能：AppRS 和其他工具之间的信息交换能力是非常需要的。包括将遗留信息输入到 AppRS 中，以及将 AppRS 信息输出到外部工具，以进行出版或其他目的。

与体系建模工具深度集成：AppRS 可以和体系结构建模工具 AM 集成，需求条目能够与体系结构中的模型、实体及数据关联，建立模型与需求条目之间的跟踪关系。可以从需求出发，去查看其关联的模型，也可以从模型出发，查看其依据的需求，实现双向跟踪。不管是模型改变还是需求改变，都可以追溯到另一方，进行相应的变更影响分析，决定是否变更、如何变更。

B 体系结构建模仿真工具软件 AppAMS

神州普惠的体系结构建模仿真工具 AppAMS 是一款业界领先、功能强大的体系结构建模工具，在现代系统工程方法和企业体系结构框架标准的指导下，采用基于活动的建模方法，引导用户开发体系结构模型。AppAMS 根据需求管理工具输出的结果，按照美国国防部 DoDAF 标准进行系统体系结构描述与建模，明晰系统的部署以及子系统之间的通讯连接。若发现体系模型与需求存在偏差，则退回到需求管理环节进行需求的验证与优化，直至满足需求。AppAMS 支持 DoDAF 1.5、DoDAF 2.0 企业架构框架，以基于 IDEF 的结构化分析为主，向上可以与需求管理工具关联，也可以将体系模型导出供想定编辑工具及分布式仿真平台使用，是描述、分析和设计复杂大系统的有力支撑工具。

a AppAMS 介绍

AppAMS 是根据需求进行体系设计的，基于 DoDAF 标准和 IDEF 的结构化分析方法设计分系统组成，识别系统功能和输入、输出接口，确定信息交互关系，以及必须遵循的各种标准规范、评估指标等。AppAMS 定义的实体列表可以提供给可视化演示验证工具 AppSE，用于生成实体列表；AppAMS 定义的实体功能、接口关系等信息通过 XML 文件的方式提供给仿真测试工具 DWK，用于生成仿真组件的代码框架，AppAMS 定义的物理数据模型可以直接生成数据库脚本创建数据库文件供 DWK 软件调用；AppAMS 定义评估指标可提供给效能评估工具 AppWEE，用于构建评估指标体系。

AppAMS 通过将体系中建立的规则模型或业务过程自动映射为流程仿真软件自身系统中的仿真模型，从而支持对体系规则或业务过程进行基于离散事件的仿真，并生成仿真结果来展示体系规则或业务过程的资源配置是否合理及整个处理流程的瓶颈等信息。

AppAMS 是针对国防军工行业开发的用于装备体系结构建模的专用工具，在现代系统工程方法和企业体系结构框架标准的指导下，采用基于活动的建模方法，引导用户开发体系结构模型。AppAMS 支持 DoDAF 企业架构框架和 IDEF、UML、BPMN 等多种建模语言，以基于 IDEF 的结构化分析为主，兼顾业务流程建模（BMP）、UML 建模、数据建模等多种建模方法，是开发复杂大系统的有力支撑工具。主要应用于装备论证与研制过程中的总体论证、总体需求分析、总体设计、分系统需求分析、系统综合集成等阶段。能与装备描述数据库、需求管理工具、作战想定编辑、想定验证工具等进行深度集成。图 3-6 是 AppAMS 主要功能模块组成。

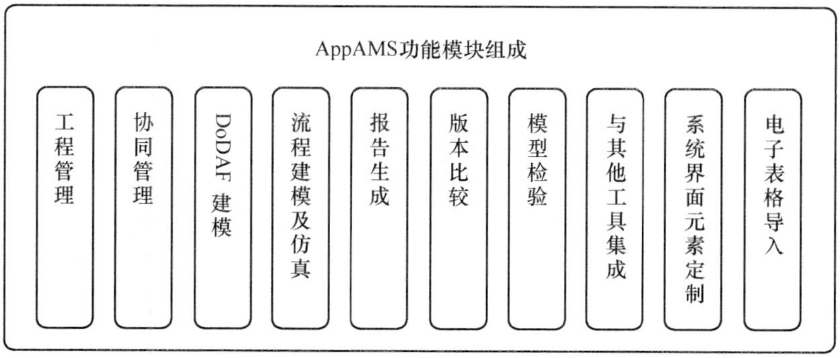

图 3-6 AppAMS 主要功能

（1）工程管理：主要是对工程数据的归档和展示管理，包括新建、查看、保存、关闭、配置工程等功能。

（2）协同管理：解决多人协同建模的问题，包括数据库配置、用户登录、用户管理、归档和恢复工程等功能。

（3）DoDAF 建模：支持 DoDAF 1.5、DoDAF 1.5ABM 和 DoDAF 2.0 标准的体系结构模型创建与模型数据和关联数据存储功能。

（4）流程建模及仿真：用户通过创建 IDEF 3 流程图或 BPMN 业务流程图，定义图中模型对象的仿真参数，验证仿真参数合理性，运行仿真，得到仿真结果。

（5）报告生成：支持把体系结构模型生成 HTML、Word 以及 PPT 格式的报告。

（6）与其他工具集成：提供导入导出 XML 文件功能，支持与装备描述数据库集成，支持与需求管理工具集成，支持导出 DWK 工具用文件，支持 DB 双向工程，与 SA 集成，与 WEE 集成，导入导出单机版工程。

（7）系统界面元素定制：为使 AppAMS 工具更方便用户定制符合自身业务功能的界面元素，系统界面元素可以定制成为本单位所需标识、图片、文字、图标等。

（8）电子表格导入：可以将已有的 Excel 表格或 Word 表格导入到工具中，生成 AppAMS 的实体或表的定义。

（9）模型检验：对不同体系结构模型的产品/模型、模型对象的术语进行一致性检查和归一化，规范模型术语，检查关联关系，为模型集成做好准备。

（10）版本比较：对相同工程框架不同的体系结构模型进行比较，列出比较结果。主要功能包括：指定体系结构模型、设置参数运行比较、查看比较结果。

b　AppAMS 功能模块

（1）ArchModeler Base 模块。ArchModeler Base 是基本功能模块，支持 DoDAF 企业架构框架，支持 IDEF、UML 等多种建模语言，支持结构化分析、UML 建模、数据建模等多种建模方法。该模块的操作界面如图 3-7 所示。

（2）AppAMS For DoDAF 1.5 模块。AM For DoDAF 1.5 模块支持美国国防部体系架构框架 DoDAF 1.5 标准，全面支持全景视图、作战视图、系统视图和技术视图建模，协助用户在作战体系结构的基础上，规划实现作战需求的系统，分析和设计系统的体系结构。自动化 DoDAF 1.5 工作产品的创建，帮助用户在工程项目中生产出满足各个产品之间数据约束的 DoDAF 1.5 产品。该模块的操作界面如图 3-8 所示。

（3）AppAMS For DoDAF 2.0 模块。AM For DoDAF 2.0 模块支持美国国防部体系架构框架 DoDAF 2.0 标准，随着 DoDAF 2.0 标准的推出，体系结构开发重点从以产品为中心的流程转向以数据为中心的流程，以便向管理者提供由决策数据组成的信息。体系结构数据为体系结构描述的使用和重用提供高效率和灵活性，对决策者和流程主管更为实用。与前几版中强调产品开发相反，DoDAF 2.0 更强调体系结构数据及其导出信息的采集、组织和维护。基于这一背景，AppAMS 新版本在支持 DoDAF 1.5 的同时支持 DoDAF 2.0 标准。该模块的操作界面如图 3-9 所示。

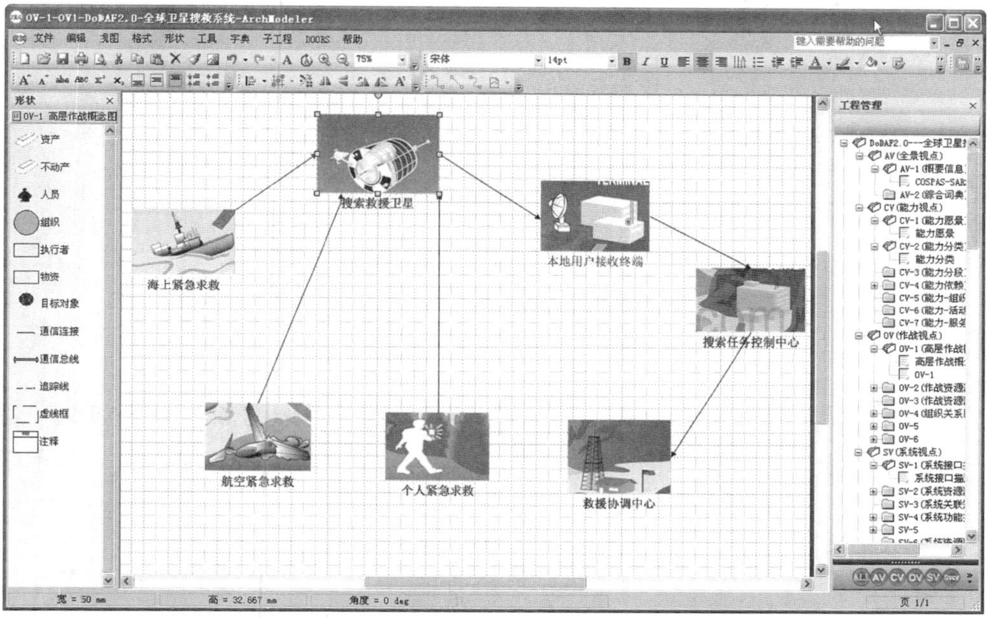

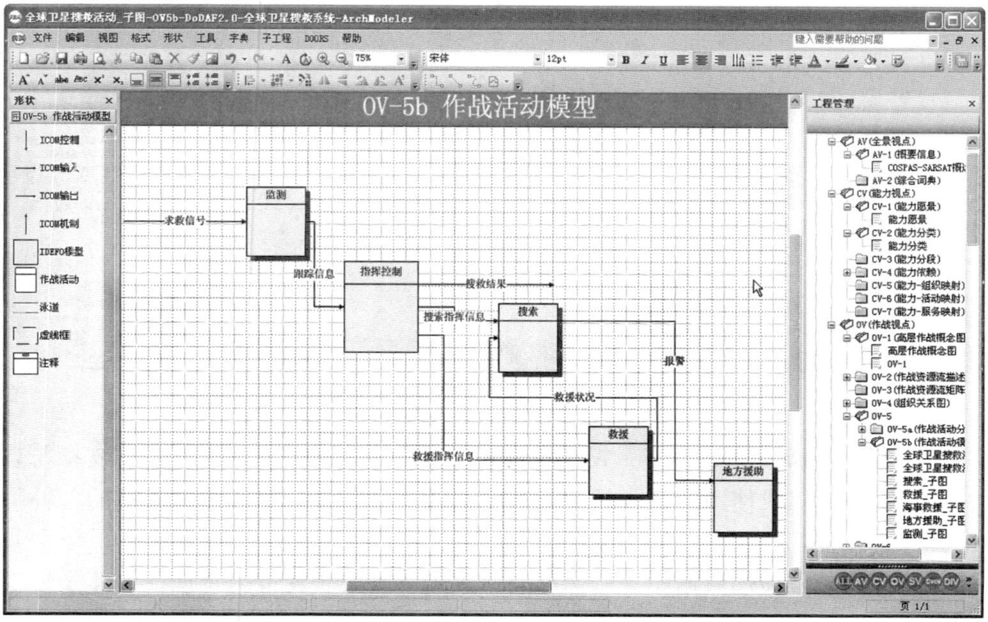

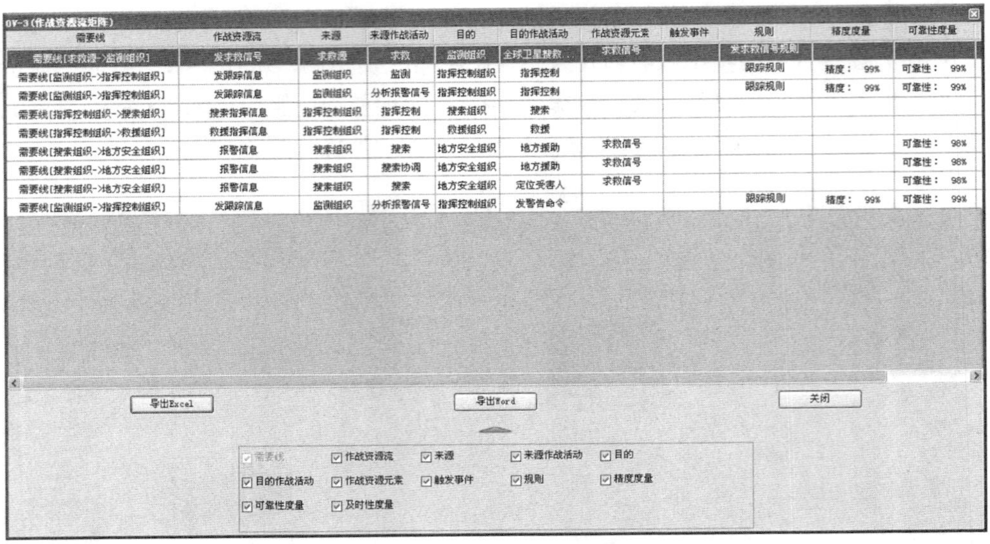

图 3-7　ArchModeler Base 模块的界面

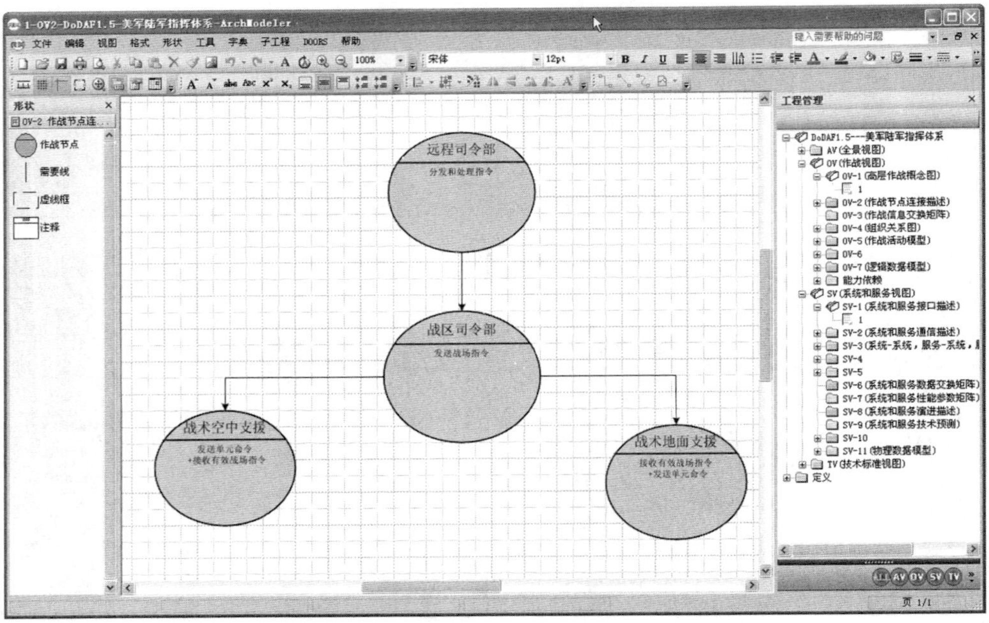

图 3-8　AM For DoDAF 1.5 模块的操作界面

（4）AppAMS Gateway For WEDD 模块。AM Gateway For WEDD 模块支持与装备描述数据库集成使用，装备描述数据库记录了已有装备或拟发展装备的各种特性，每个装备都有一个唯一的 ID 标识。在体系建模过程中，一旦建立了模型实体与外部的装备描述数据库关联，可以随时查看所关联装备的特性，为体系建模提供更多的依据。该模块的操作界面如图 3-10 所示。

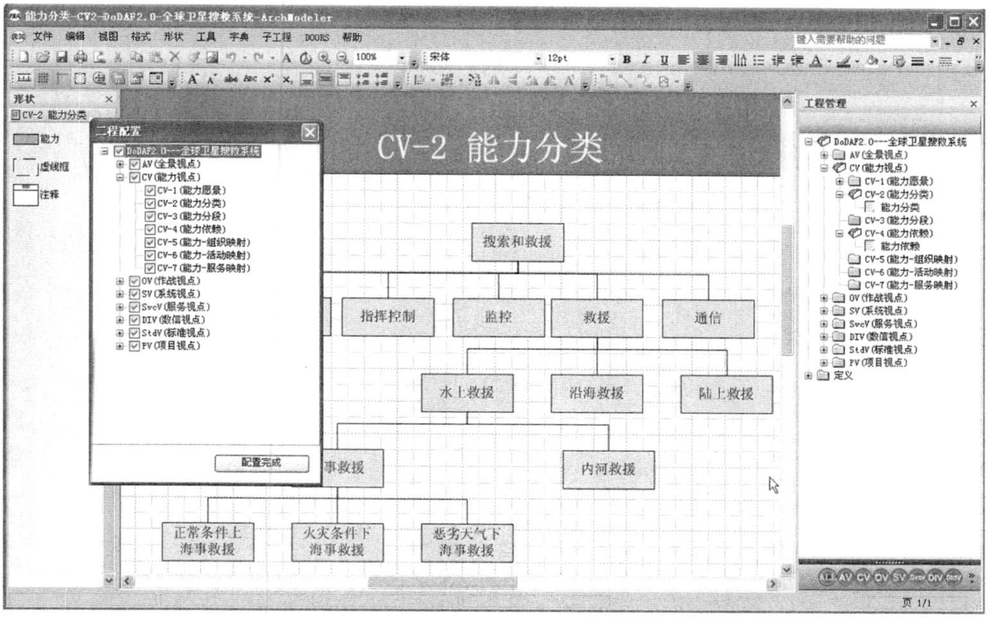

图 3-9 AM For DoDAF 2.0 模块的操作界面

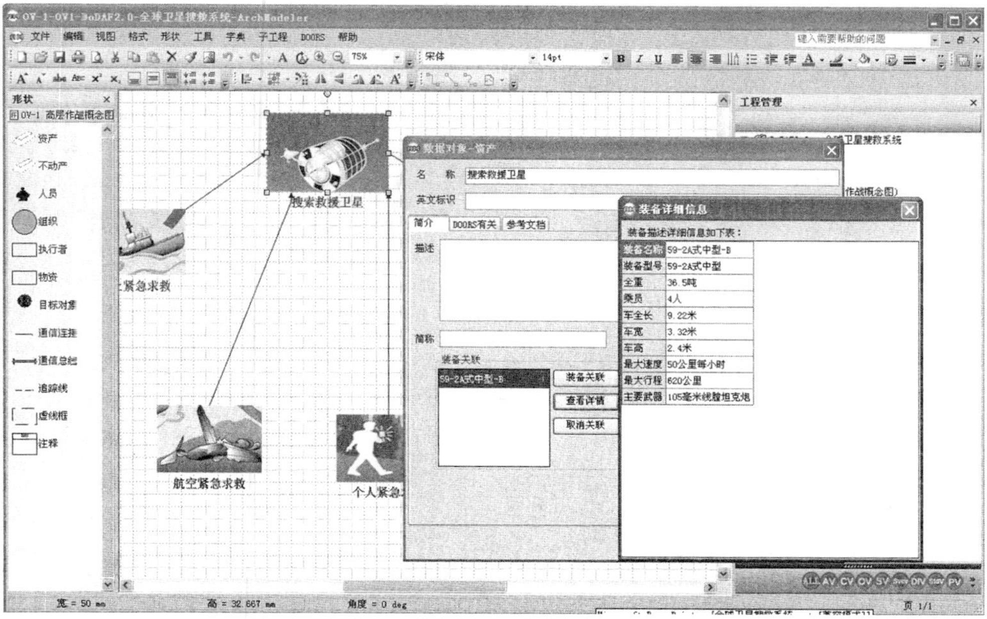

图 3-10 AM Gateway For WEDD 模块的操作界面

（5）AppAMS Compare 版本比较模块。AppAMS Compare 版本比较模块对相同工程框架不同的体系结构模型进行比较，列出比较结果。主要功能包括：指定体系结构模型，设置参数运行比较、查看比较结果。该模块的操作界面如图 3-11 所示。

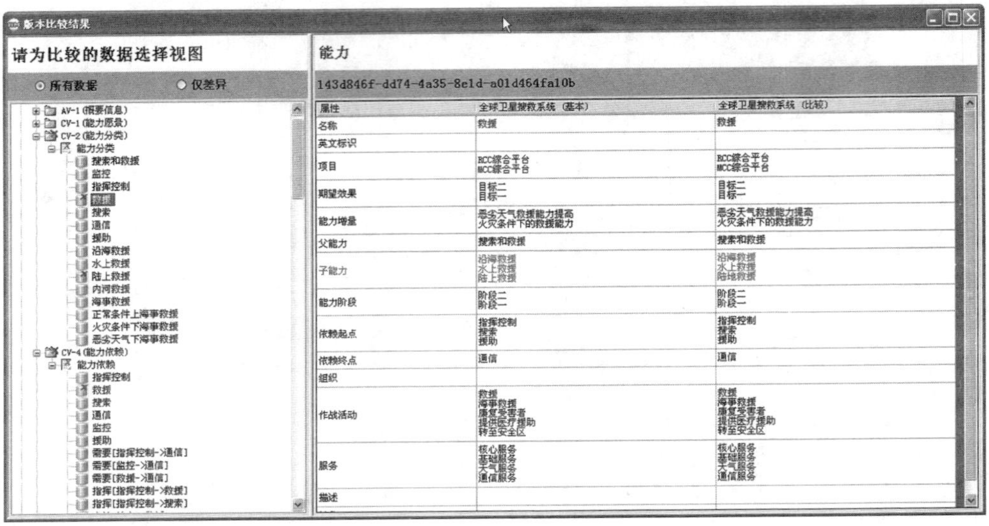

图 3-11 AppAMS Compare 版本比较模块的操作界面

（6）AppAMS 生成数据库脚本模块。AppAMS 生成数据库脚本模块是从物理数据模型生成相应数据库（SQL SERVER 2008、Oracle10g）的 SQL 脚本。该模块的操作界面如图 3-12 所示。

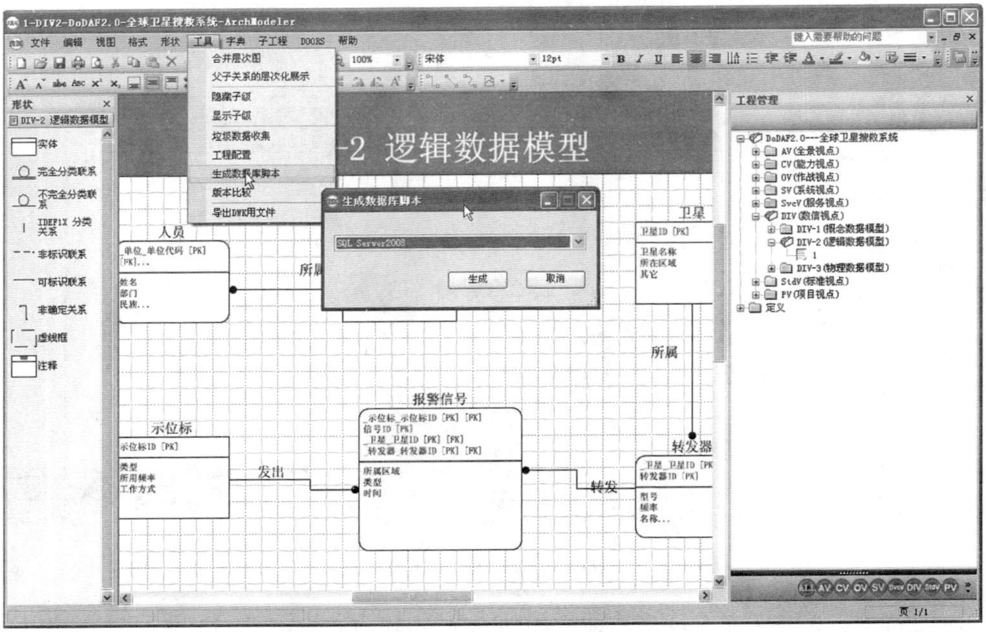

图 3-12 AppAMS 生成数据库脚本模块的操作界面

（7）AppAMS Gateway For RM 模块。AppAMS Gateway For RM 模块支持 AM 与需求管理工具 DOORS 集成，其操作界面如图 3-13 所示。

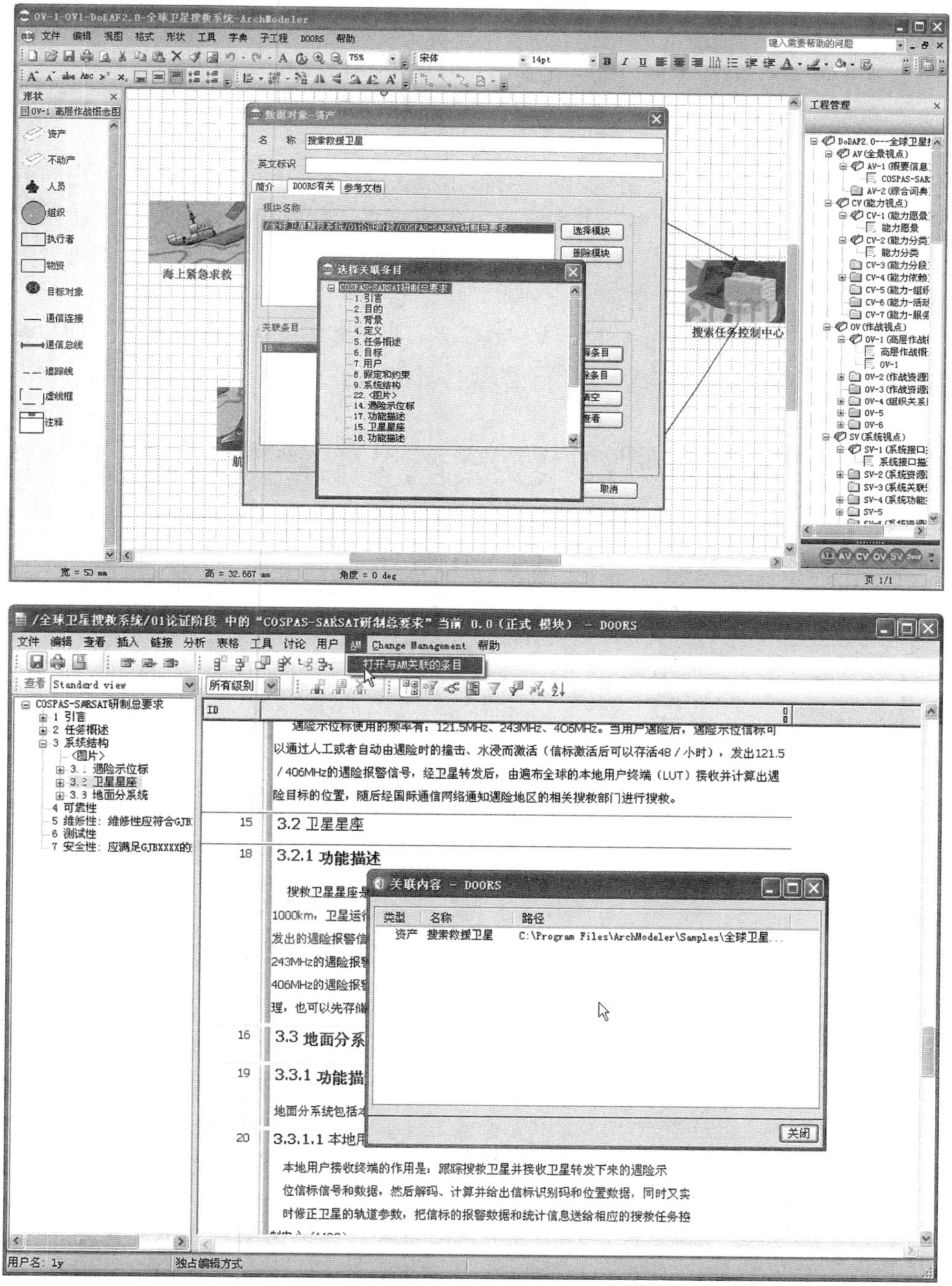

图 3-13 AppAMS Gateway For RM 模块的操作界面

由于装备体系复杂、装备研发周期长、参与人员众多、技术发展变化等多种因素，使得需求非常不稳定，需求定义成为一个长期过程，需求变更成为常态。尤其是一些创新型装备，由于缺乏具体作战应用实践，对其作战应用方式说不清、道不明。重视需求管理已经成为人们的普遍共识。需求管理要从源头抓起，装备体系论证是整个装备体系发展的源头，而体系建模又是装备体系论证的源头。

在体系模型中，模型实体能够与需求条目关联，建立模型与需求条目之间的跟踪关系。可以从需求出发，去查看其关联的模型，也可从模型出发，查看其依据的需求，实现双向跟踪。以后，不管是模型改变还是需求变化，我们都可以追溯到另一方，进行相应的变更影响分析，决定是否变更、如何变更。

（8）AppAMS Exporter 模块。AppAMS Exporter 模块支持与其他工具，如与想定编辑、想定验证工具集成，该模块的操作界面如图 3-14 所示。

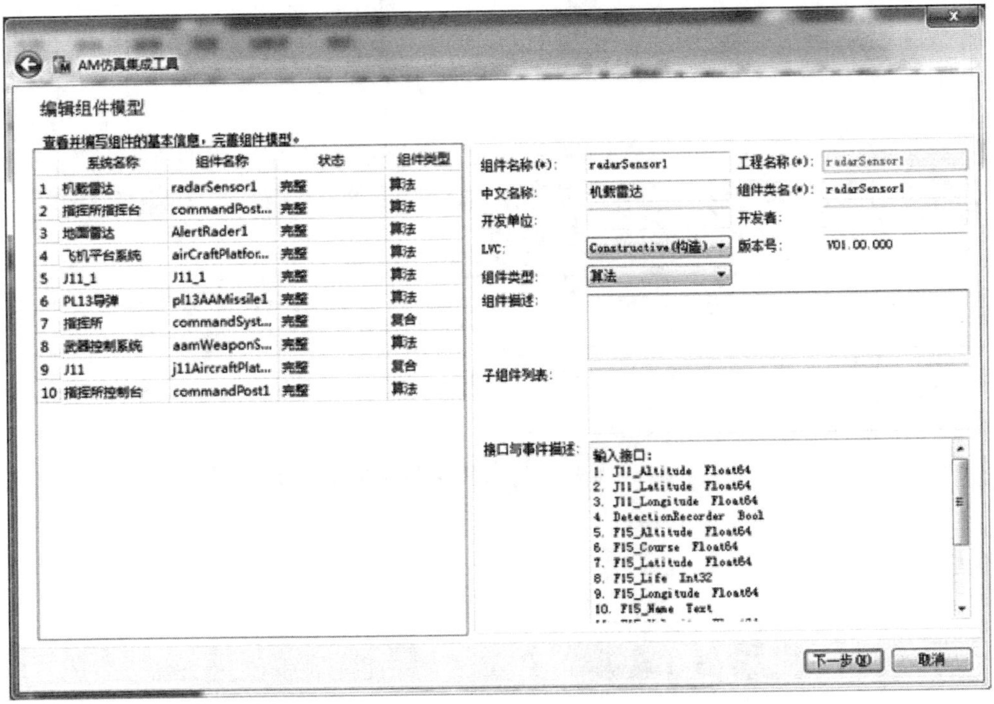

图 3-14　AppAMS Exporter 模块的操作界面

作战想定是连接体系模型和模拟仿真的桥梁，模拟仿真以作战想定为依据，作战想定必需依据满足体系模型的约束。作战想定编辑工具是作战想定的可视化编辑工具，一旦完成作战想定编辑后，可以把从 AppAMS 导出模型数据作为作战想定的约束，来检查作战想定中各要素之间的结构关系和动态行为是否合乎要求，以确保作战想定的逻辑合理性，只有这样，模拟仿真的结果才具有更高的可信度。

（9）AppAMS Simulator 模块。AppAMS Simulator 模块提供业务流程仿真功能（包括定义 IDEF3 过程流图，验证仿真，运行仿真），支持用户建立动态流程模型，可以对业务流程模型进行仿真并给出仿真结果。该模块的操作界面如图 3-15 所示。

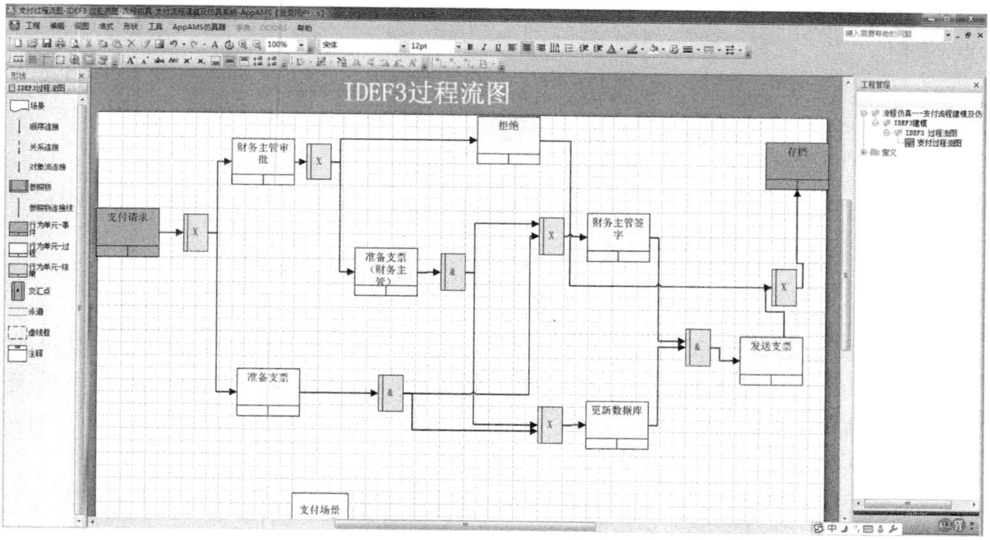

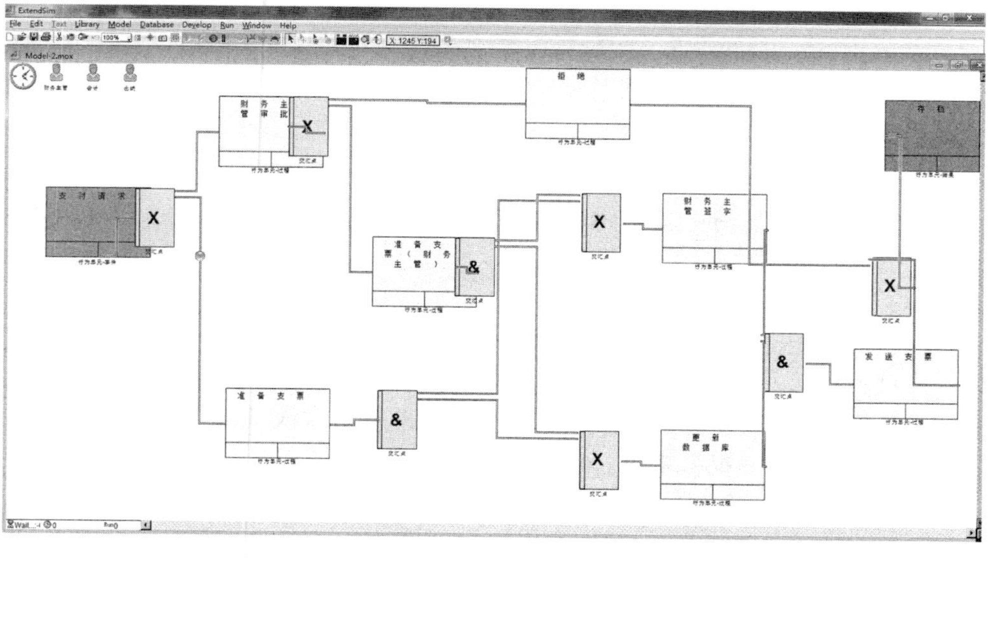

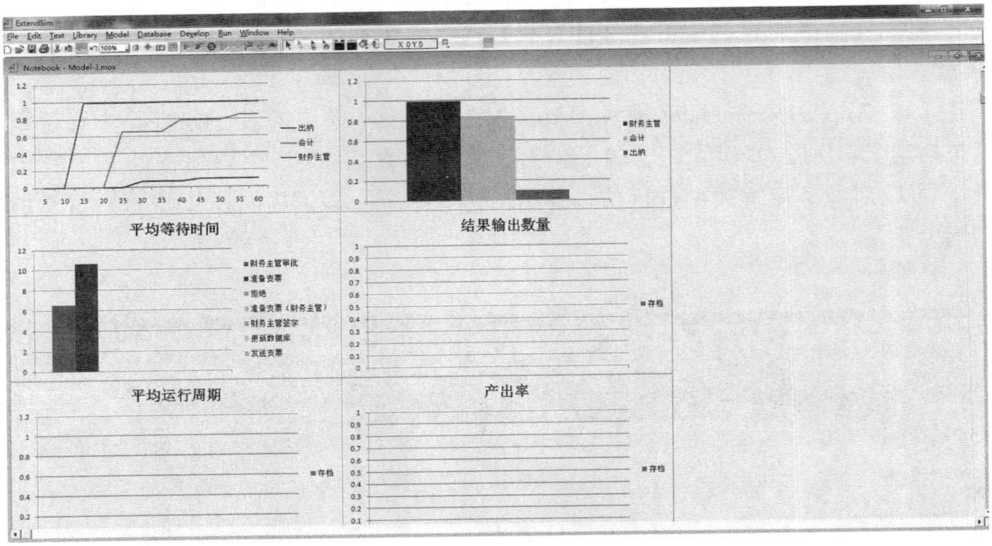

图 3-15　AppAMS Simulator 模块的操作界面

（10）AppAMS SpreadSheet Import 模块。AppAMS SpreadSheet Import 模块利用用户已有的数据导入到工具中生成对应的实体或表的定义。该模块的操作界面如图 3-16 所示。

图 3-16　AppAMS SpreadSheet Import 模块的操作界面

c　AppAMS 的优势特点

AppAMS 使用方便、易学易用、运行稳定可靠，安装调试简单，具有针对性强、先进、可靠、灵活的特点。可以全面提升总体论证规划、需求分析和验证、系统设计等能力，使得复杂装备的研发过程更加规范、高效和成熟，有效地改善原有工作流程，明显提高复杂装备研发的质量与效率。

AppAMS 具有的优势特点：自主知识产权；支持 DoDAF ABM 方法；纯中文环境、符合用户的使用操作习惯；支持结构化分析方法和面向对象的分析方法；

支持 IDEF、UML、BPMN 等多种建模语言；支持 DoDAF（包括 1.5 和 2.0 标准）体系架构框架；象形化图符、形象直观、易于理解、方便沟通与交流；扩展性好，可进行模型元素和框架定制以及部分功能的定制开发。

C 可视化演示验证工具 AppSE

神州普惠为了适应“基于信息系统的体系作战”新形势而研发的一款快捷、专业、高效、独立的通用可视化想定制作系统 AppSE，能满足大规模复杂环境下，指挥人员快速构建作战想定、研讨指挥决策，仿真人员快速构建仿真想定、指导仿真的需求。

AppSE 是专业的基于二、三维地图的想定编辑和预演工具，采用二维与三维联动的方式进行想定编辑与预演。其采用统一、公开的想定数据格式，并从仿真系统中独立出来，降低了与仿真系统的耦合度，既可以和仿真与测试工具配套使用，也可以为其他仿真系统提供 XML 格式的想定。AppSE 的想定文件可以采用剧本的方式快速地进行想定预演，解决了仿真领域的想定制作与校验问题，缩短了仿真系统开发的迭代周期。

AppSE 还能够与体系模型建模工具 AppAMS 集成，AppAMS 建立的体系模型指导和约束作战想定，作战想定也可以初步校验体系模型的正确性。根据体系模型自动生成想定中可用的兵力实体，再通过具体的作战场景、兵力部署、作战样式和作战过程来研究、探讨体系模型的合理性、逻辑性。

a AppSE 介绍

可视化演示验证软件 AppSE 可对 AppAMS 定义的静态体系进行模型构建并实现体系的动态预演。AppAMS 把整个系统设计出来，系统各个分系统的实体都被定义了。实体可以从 AppAMS 中直接读取，直接生成 AppSE 的实体列表，就可以在 AppSE 中拖拽实体进行演示验证环境。通过演示验证发现体系设计中的问题，如有体系设计问题则返回体系结构建模环节进行修改完善。

AppSE 可在动态场景下展示各个子系统，若发现系统设计方案存在问题，则退回到体系建模工具中优化系统模型。装备及系统的运行状态、实时数据交互、协同关系等可视化内容，通过具体的场景、实地部署、验证系统设计方案的科学性和合理性，最终作为后续仿真实验的输入。

b AppSE 功能概述

AppSE 主要包括实体编辑、地图编辑、想定编辑及想定预演等功能。图 3-17 是 AppSE 主要功能模块图。

首先构建想定所需的实体和地图。在实体编辑器界面，根据作战想定，选择合适的兵力插件类型并配备三维模型、图片和军标完成作战实体的编辑；在地图编辑器界面，添加影像地图、高程地图、矢量地图完成想定地图的编辑。然后，创建新的想定，添加编辑好的实体库与想定地图，在想定编辑界面完成作战编

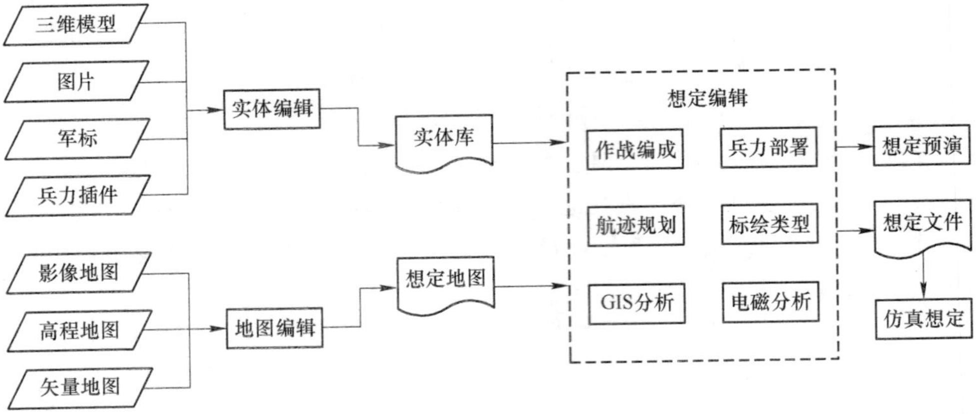

图 3-17　AppSE 功能模块图

成、兵力部署、航迹规划等操作构建作战想定。最后，通过编辑剧本的方式快速完成想定预演，将想定文件导出供仿真系统使用。

（1）专业实体编辑管理模块。对实体提供军标位图、图片和三维模型三种表现方式，可编辑搭载关系、装备属性。实体库包括想定所需的各种兵力以及兵力的各种常规属性信息，包括：军标、图片、三维可视化模型、仿真状态属性信息、搭载关系、兵力型号数据信息等。最终生成 XML 格式的实体库文件，供想定编辑器使用。

1）提供兵力的各种常规属性信息，包括：名称、类型、位置信息（经度、纬度、高度、朝向角、俯仰角、旋转角）等。

2）支持军标、模型、图片三种显示方式并可任意切换显示，支持用户定制开发的军标及三维模型。

3）不同类型的兵力实体具有不同的可视化效果，支持可视化兵力插件开发，用于不同兵力实体的可视化显示。

（2）简单易用的地图编辑模块。提供想定地图的底图维护，支持矢量、卫星遥感影像底图、DEM 搞成地形。最终生成 XML 格式的地图文件，供想定编辑器使用。

1）支持 ive、dem、xml、png 格式的影像地图，dem、tif、ive、xml 格式的高程地图，shp 格式的矢量地图，支持其余格式地图文件的转换。

2）支持地图的多层叠加与勾选显示。

3）支持基本特效：大气、日光、动态经纬线等的显示。

4）支持地球漫游操作器，以及多视点的管理。

5）采用所见即所得方式提供所有 GIS 数据可视化编辑器工具，使不懂 GIS

的操作者也能轻易配置出想定所需要的底图信息。

（3）二/三维可视化复杂环境想定。完成想定中实体库和地图的制作后，需要在想定编辑器中完成想定的制作，包括作战编成、兵力部署、航迹规划、添加标绘、GIS分析及电磁分析等。

1）作战编成：想定中的实例在部署前需要编辑其编成关系。实例类型为想定实体库中实体的类型。可以为兵力设置阵营，在阵营标签下设置兵力，可以在兵力下添加子节点，设置兵力间的指挥关系，完成作战编成。

2）战场环境设置：可设置战场的背景环境，包括水文、气象及电磁背景信息，通过环境的设置，提高了模拟想定的真实性和信息的完备性。

3）兵力部署：兵力部署操作是想定的核心功能，将实体库中编辑的实体资源部署到三维场景中并对其进行初始化操作。采用拖拽式部署，将作战编成的实体资源拖拽到地图中，可以设置实体的初始化信息，如生命值、名称、位置信息等等。支持兵力的分组与多级搭载关系配置。

4）航迹规划：支持航迹的规划，支持用户自定义航迹，可以平移、锁定航迹，可以通过拖拽及数据输入两种方式调整航迹，支持航迹与兵力实体的绑定。

5）作战任务设置：可对海、陆、空及二炮等各种兵力设置专业的作战任务和行动，例如对地突击、区域集结等。

6）添加标绘：想定编辑器提供了对线标、点标和空域的标绘功能，其中线标主要表达作战企图，点标主要表达作战区域的注释以及想定作业过程关键地点的注释，空域主要表达战场环境及敌我空域控制情况。支持用户定制开发的标绘形状。

7）GIS分析：GIS分析模块实现在三维战场中的GIS分析功能，辅助想定的制作，提高想定作业的准确性和效率。独立开发三维GIS分析功能有：经纬度查询、比例尺计算、多段地理查询、线通视分析、面通视分析、面积查询、坡度分析、剖面分析等功能。

8）电磁分析：电磁可视化分析模块主要用于以可视化方式进行电磁兵力的部署与分析，并把分析模型计算的结果与AppSE的三维GIS系统相结合，以三维方式可视化出来。

该模块可以支持部署虚拟战场中红蓝双方射频电子装备（雷达、通信电台、干扰机等），形成电磁初始态势，并分析战场上空间某点、某区域、某电磁兵力的电磁信号综合特征，指导并辅助电磁兵力的部署。

（4）支持想定预演。想定预演模块主要用于想定的动画预演，是一种有效的想定演示及验证的方法，可以有效地加快仿真系统的开发进度。

想定是对敌我双方基本态势、作战企图和作战发展情况的设想，是组织和指导战术演习和战术作业的基本文书，因此想定包含静态和动态两个过程。用户通过 AppSE 以可视化的方式制作的想定，仅仅展示了想定的敌我双方的初始态势，即静态过程。由于想定包含作战的发展等动态因素，因此需要想定预演模块把这个动态过程初步表达出来。该模块的主要功能是将用户制定的想定以动画方式展现出来，用户能够浏览想定的整个过程，从而能够进一步检验想定的合理性。它支持插入字幕、声音、视频等，用户还可以更高效、生动地对制作的想定进行汇报与讲解。

c　优势特点

AppSE 具有如下优势特点：

（1）功能丰富、简单易用。

1）纯中文环境，符合中国指挥人员的使用习惯。

2）集成化的想定构建环境，对高清地图、想定编辑、想定预演及态势显式一体化管理。

3）所见即所得的二三维一体化想定编辑。

（2）系统开发，容易扩展。

1）基于 XML 的想定标记语言规范，支持 MSDL 及国内各兵种的专业想定格式的加载。

2）支持插件机制，支持二次开发。

3）根据客户需求灵活定制行业专业解决方案。

4）支持与 MatLab、STK 等第三方仿真系统集成。

5）提供 GIS 分析、电磁环境分析等专业的辅助分析决策功能。

D　仿真/测试工具 DWK

DWK 是神州普惠为了满足复杂仿真系统开发需求而研发的一套高效、快捷的分布式仿真系统开发工具，覆盖了从仿真模型开发、仿真想定编辑、仿真实验设计、仿真部署、仿真运行到仿真结果分析等系统仿真实验的各个阶段，实现了对系统仿真应用全生命周期的支持。

a　DWK 介绍

仿真与测试工具 DWK 产品充分借鉴 MDA 思想，采用面向仿真组件开发的方法，支持组件组装，提供仿真应用开发，运行所需的一系列工具，能够与第三方仿真工具集成，构建了全新的开放式一体化仿真开发体系结构，提高了仿真模型的重用性，优化了仿真开发流程，简化了仿真模型的开发过程，降低了仿真开发难度，使用户无需了解 HLA 的复杂技术细节即可进行仿真应用开发。

DWK 主要功能及应用流程如图 3-18 所示：

b　DWK 功能概述

分布式仿真开发平台 DWK 是一套工具集，包括仿真模型开发工具、仿真模型库、仿真想定编辑工具、仿真实验设计工具、仿真部署与运行工具、仿真支撑

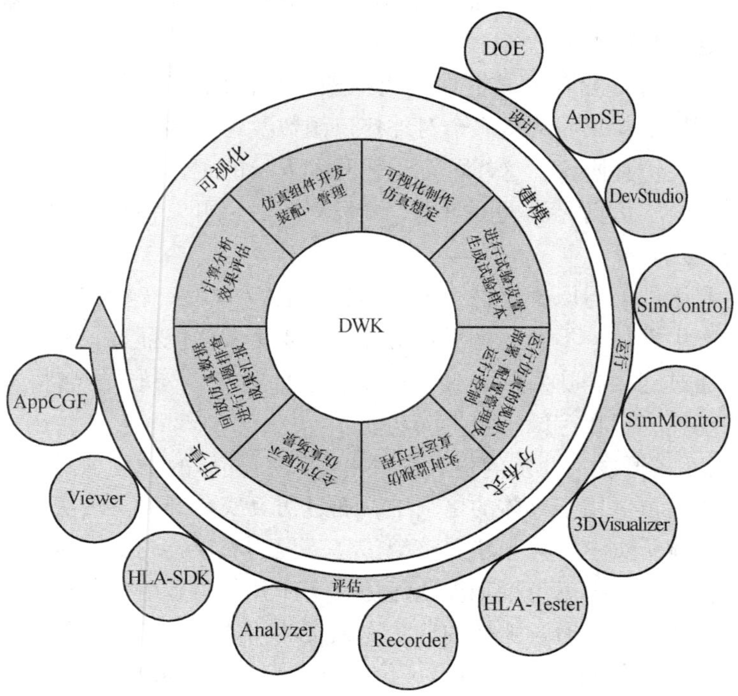

图 3-18 DWK 的系统组成

工具、仿真可视化显示工具及仿真数据分析工具。各工具存在相应对外接口，可以作为模块加入其他仿真平台，其他仿真工具也可作为模块加入 DWK。

（1）仿真模型开发（DWK Dev Studio）。仿真模型开发包括仿真组件开发和仿真实体开发两部分，仿真组件开发具有仿真行为的仿真组件，为了提高模型的重用性，仿真组件不得与具体的仿真工程相关联，通过仿真实体开发工具将仿真组件在具体仿真工程中实例化，并定义仿真工程的发布/订购关系。

1）仿真组件开发：仿真组件是仿真中的基本执行单元，具有仿真的行为，仿真组件与实际仿真时的仿真协议无关，包括原子组件和复合组件。

原子组件是组件化仿真应用开发的基本组成单元，封装了实际的仿真业务逻辑。在 DWK 仿真平台中原子组件包括算法组件、界面组件、状态组件以及流程控制组件共四类组件。算法组件实现仿真模型的基本功能、流控组件在复合组件中控制不同原子组件的调用顺序、状态组件负责返回组件当前的状态、界面组件为人在回路的仿真提供人机交互接口。复合组件通过原子组件连接和映射生成。

在组件开发中，首先定义组件的对外接口，包括属性、输入接口、输出接口、监听事件和产生事件，属性为组件的基本信息参数、输入输出接口为组件根据仿真步长周期性发送和接收的数据，监听产生事件为组件随事件发送接收的数据。对外接口名称符合 C ++的命名规范，数据类型支持 C ++标准数据类型，也支持用户自定义数据类型。

设计好组件后，可以生成组件代码框架，在代码框架的基础上开发仿真组件。在代码框架中，只需编辑五个对外接口函数及运行函数即可，组件开发人员不需要了解底层仿真协议，这样可以减轻开发人员的工作量，提高仿真组件的重用性，即使更换了仿真协议也可使用。开发完毕后，可以将组件发布，即完成了原子组件的开发。

对于复合组件，与原子组件一样，也需要定义属性、输入接口、输出接口、监听事件、产生事件。不同的是复合组件不需要生成代码框架，将原子组件拖进复合组件，通过连接和映射的方式，将复合组件的接口与原子组件的接口连接，复合组件自动拥有了相应原子组件的功能。

2）仿真实体开发：开发的仿真组件并没有在具体的仿真项目中执行，需要将组件实例化后再应用于具体的仿真中，通过仿真实体开发工具实现。

在仿真实体开发中，首先建立整个仿真工程的对象类与交互类，确定所有需要交互的数据，然后根据仿真工程新建仿真实体并与仿真组件关联，使仿真实体具备组件的功能，最后通过拖拽的方法完成实体间的发布订购关系。

（2）仿真想定编辑（DWK SE）。仿真想定编辑用于可视化设计和制作想定，可编辑作战想定、确定攻防关系、规划路径、设置及搭载兵力、生成仿真想定、实体编辑、地图编辑、想定编辑及仿真映射等功能。

1）实体编辑：实体编辑器为想定编辑器提供兵力部署所需的实体库。实体库包括想定所需的各种兵力以及兵力的各种常规属性信息，包括：军标、图片、三维可视化模型、仿真状态属性信息、搭载关系、兵力型号数据信息等。最终生成 XML 格式的实体库文件，供想定编辑器使用。

① 提供兵力的各种常规属性信息，包括：名称、类型、位置信息（经度、纬度、高度、朝向角、俯仰角、旋转角）等；

② 支持军标、模型、图片三种显示方式并可任意切换显示，支持用户定制开发的军标及三维模型；

③ 支持可视化兵力插件开发，用于不同兵力实体的可视化显示。

2）地图编辑：地图编辑器提供想定所需的底图。底图信息包括高程数据、影像数据、矢量层数据，最终生成 XML 格式的地图文件，供想定编辑器使用。

采用所见即所得方式提供所有 GIS 数据可视化编辑器工具，使不懂 GIS 的操作者也能轻易配置出想定所需要的底图信息。

3）想定编辑：完成实体库和地图的制作后，需要在想定编辑器中完成想定的制作，包括作战编成、兵力部署、航迹规划、添加标绘、GIS 分析及电磁分析等。

想定中的实例在部署前需要编辑其编成关系。实例类型为想定实体库中实体的类型。可以为兵力设置阵营，在阵营标签下设置兵力，可以在兵力下添加子节点，设置兵力间的指挥关系，完成作战编成。

兵力部署操作是想定的核心功能，将实体库中编辑的实体资源部署到三维场景中并对其进行初始化操作。采用拖拽式部署，将作战编成的实体资源拖拽到地图中，可以设置实体的初始化信息，如生命值、名称、位置信息等等。

（3）仿真实验设计（DWK DOE）。在实际仿真中，会存在许多敏感参数，可以按照规则采用不同的方案设置不同的参数，观察仿真结果，进行效能评估并得出最佳作战方案，同时，通过仿真实验也可以大大减少仿真人员的工作量，提高工作效率。

仿真实验设计工具（DOE）的主要功能是辅助仿真实验设计人员对实验进行规范化设计。仿真实验设计以评估需求为依据，对实验条件、实验方法、实验因子和实验指标进行设置，最终生成实验样本。实验设计工具针对实验因子和实验方法提供设计管理功能，可以系统地进行仿真实验设置，以尽量少的实验次数达到对不确定空间尽量全面的覆盖，所得数据用于仿真实验评估分析。DOE 包括因子设计、水平设计及方案设计等功能。

1）因子设计：一般意义上，仿真中影响输出的可控因素或不可控因素可设计为一个因子。仿真实验设计中的因子设计是提取想定中的实例，选择其中的参数作为因子，可以设置为普通因子或随机因子，并通过选择不同的因子生成一张具体的因子表。

2）水平设计：因子水平是指实验中要检验的变量值，完成因子设计后，用户需要进行因子水平设计。对于普通因子，有等间隔相对设计和等间隔均匀设计两种设计方法，对于随机因子，有二项分布、指数分布、正态分布和泊松分布四种常用的随机分布设计方法。除了用户自行设计因子水平表，还可以导入已设计好的相同想定的实验方案的因子水平表。

3）方案设计：因子设计和水平设计完成后，需要进行方案设计。方案设计包括全面设计、均匀设计、正交设计和自由设计四种方法，设置好方案后，就可以在仿真运行中自动连续的仿真了。

仿真实验设计工具为通用实验设计工具，可以应用于各种仿真平台，通过连接数据库或加载 XML 的方式识别想定中仿真实体的各项参数及其数据格式信息，完成因子、水平、方案的设计后，可以将生成的实验样本导出成 XML 文件或存储至数据库中供仿真平台使用。

（4）仿真部署及运行控制（DWK Controller）。仿真部署及运行控制软件是在一个集成的环境中完成仿真实验部署并提供运行时的控制，包括方案资源管理、方案规划及仿真运行控制。其主要功能是支持远程数据库存储仿真部署方案，对仿真部署方案进行分类管理；实验任务统一规划，可视化选择仿真计算节点和仿真模型，确保系统资源平衡，实验时正常运转，对资源部署拓扑关系进行可视化展示；展示模型位置及整个实验的网络连接关系；检索模型资源，根据任务规划内容，部署资源模型到各分计算节点或席位，在资源间建立完整的连接关系，自动检测资源部署的情况，对于异常情况能够进行明确的提示。对于实物和半实物模拟器能够和实际的模型对象建立映射关系；批量进行参数的修改（增加、删除、更改）和部署；对实验过程、各计算节点及部署资源进行统一管理控制，包括启动、暂停和停止控制。

(5) 协议适配器（DWK Adaptor）。HLA 仿真组件执行引擎自身不具有分布式通信功能，通过建立插件机制采用协议适配器与仿真运行支撑中间件（如 pRTI）建立通信连接。例如，pRTI 协议适配器是 RTI 适配器的一种，是 HLA 仿真组件执行引擎与 HLA 仿真运行支撑中间件 pRTI 之间建立通信连接的桥梁，其依据 pRTI 支撑中间的 API 接口，通过接口转换，与 HLA 仿真组件执行引擎的通用仿真 API 接口适配，使 HLA 仿真组件执行引擎能够将各种订阅/发布数据信息以及设置信息传递到各个分布式计算节点。

协议适配器用于在 HLA 仿真组件执行引擎和 HLA/DDS 支撑中间件之间建立匹配关系，支持第三方 HLA/DDS 中间件。

(6) 仿真态势显式（DWK Viewer）。仿真态势显式工具用于在综合仿真环境中全面展示整个仿真试验环境、仿真态势以及对抗效果，以便实时、全面了解整个仿真试验态势。

(7) 仿真场景显示（DWK Scener）。对仿真运行过程中局部场景进行逼真的三维可视化展示；支持多窗口及多通道显式，支持 OSG、VegaPrime 等进行渲染开发。

(8) 仿真数据分析（DWK Analyzer）。对仿真实验数据进行分析处理，进行作战效果评估，支持集成用户分析计算及评估算法插件。

(9) 仿真数据回放（DWK Replayer）。复现仿真过程，用于战术研讨、问题排查及方案汇报。

(10) DWK 桥（DWK Bridge）。在基于 DWK 开发的不同仿真域（HLA 仿真域、DDS 仿真域）之间建立多个联邦的互联，保证仿真联邦之间的空间一致性、时间一致性以及对象的正确匹配关系。

c　DWK 的优势特点

DWK 具有如下优势特点：

(1) 仿真技术优越，易使用。

1) 胜任大型复杂分布式仿真系统开发。

2) 方便实验数据的记录、分析、回放。

3）纯中文环境，符合用户的使用操作习惯。

4）全方位的仿真运行过程监控和状态监视。

5）逼真的三维数字化仿真环境及态势展示。

6）专业化的三维作战想定设计和研讨工具。

7）可视化的实验参数设计和多种实验设计方法支持。

8）以实验数据为主线，对仿真实验各阶段进行一体化管理。

9）国内首创的组件化仿真模型建模方法，可视化建模及开发支撑环境。

10）仿真执行效率高，同一仿真成员内的仿真组件之间的数据交换无需通过HLA/DDS协议。

（2）设计理念先进，易开发。

1）借鉴MDA思想和SOA，采用面向仿真组件的先进建模方法，降低了组件间的耦合度。

2）支持组件组装，支持组件二次开发，提高了仿真模型的重用性和重构性。

3）二、三维图形化想定编辑，所见即所得，快速想定制作。

（3）平台架构开发，易扩展。

1）提供统一的平台标准和接口规范。

2）全面支持HLA1.3、IEEE 1516—2000、DDS1.2接口规范，支持接口pR-TI、KD-RTI、DDS等中间件。

3）提供仿真组件执行引擎，支持平台二次开发，客户可对平台功能灵活扩展。

4）能够与神舟普惠体系建模工具ArchModeler、武器效能评估工具AppWEE以及资源管理系统SRM深度集成。

5）支持与其他仿真软件（如STK、OPNet、Matlab等）进行联合仿真。

6）支持接入GL Studio等人机接口（HMI）开发工具，支持人在回路的仿真应用。

7）支持MS Visual Studio 9.0（MS Visual Studio 2008）、Linux等开发环境。

8）支持Oracle、SQL Server数据库系统。

9）支持32位及64位的Windows XP、Windows 7、麒麟Linux操作系统。

（4）技术服务完善，易学习。

1）拥有丰富的技术资料、易学易用。

2）拥有完善的售前、售后服务体系，随时随地为客户服务。

3）DWK可用于兵器、部队、船舶、航空、航天、电子、高铁等领域高端装备复杂系统及各子系统进行仿真和测试，可满足立项分析论证、实验评估、模拟训练等应用。

E 综合成效评估工具AppWEE

AppWEE从AMS自动读取评价体系并从DWK读取仿真推演数据完成评估。

效能评估软件 AppWEE 接收 AppAMS 以 XML 文件方式提供的评估指标，用于构建评估指标体系，按照用户设计的评估方案对 DWK 工具提供的仿真数据进行效能评估，根据评估的结果对体系设计及模型设计提供反馈，如发现体系设计或模型设计中存在的问题，则返回到体系建模或仿真测试环节，重新进行体系设计或模型设计。

a　AppWEE 介绍

武器效能评估平台 AppWEE 是北京神州普惠科技股份有限公司为解决装备效能评估问题而新研发的一款工具软件，用于装备论证、研制、试验、使用等不同阶段的效能评估，为作战体系、装备体系的评价和优化提供定量依据。AppWEE 能够使用仿真、演习等多种来源的实验数据，将效能评估贯穿武器装备全生命周期。AppWEE 的组成如图 3-19 所示。

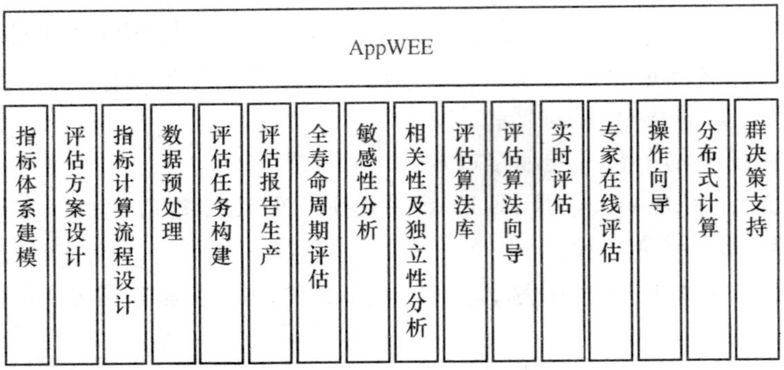

图 3-19　AppWEE 的组成

b　功能模块

（1）指标体系管理模块。指标体系管理模块负责指标体系的创建、编辑与保存，如图 3-20 所示。指标体系是通过对同一类评估对象各种特性逐层抽取，而得到的描述指标间的依赖关系的有向图。该模块支持成本型、效益型、固定型、偏离型四种类型的指标的可视化创建与编辑；构建指标体系过程中支持层次分析法、环比系数法、熵权法、离差化法、自定义权重五种权重设定方法，图 3-21 显示的便是层次分析法权重计算界面。

（2）评估方案管理模块。该模块的界面如图 3-22 所示。评估方案是评估计算的依据与准则。用户通过对指标体系中各指标的评估方法、指标参数、评估数据进行定义的方式来制定评估方案。评估方案由若干独立的指标计算流程构成，指标计算流程定义了一组输入指标或样本数据到一个或几个输出指标的运算流程，计算流程中可使用评估算法库中的各类算子。评估方案的执行不涉及具体评估对象和评估样本数据。图 3-23 为评估流程管理界面。

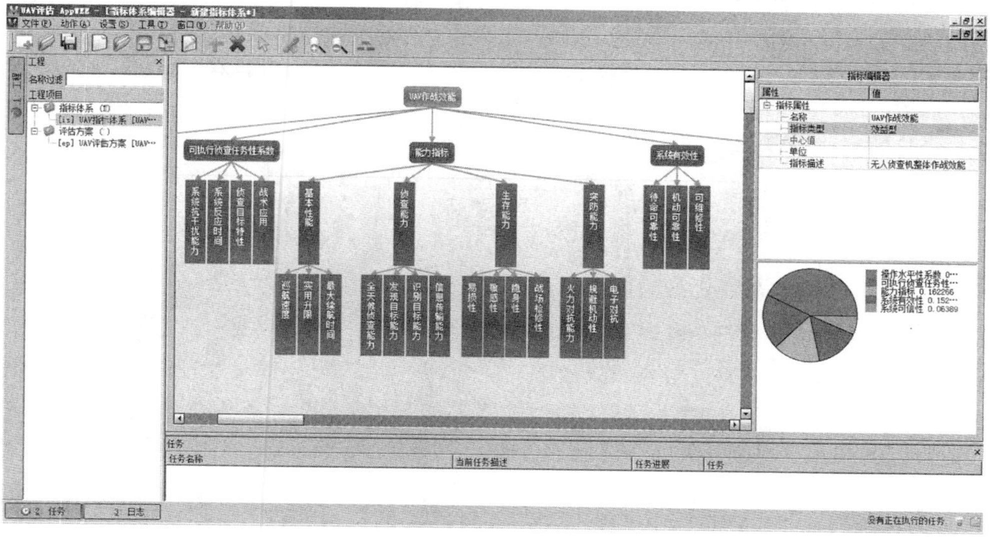

图 3-20 指标体系管理模块的界面

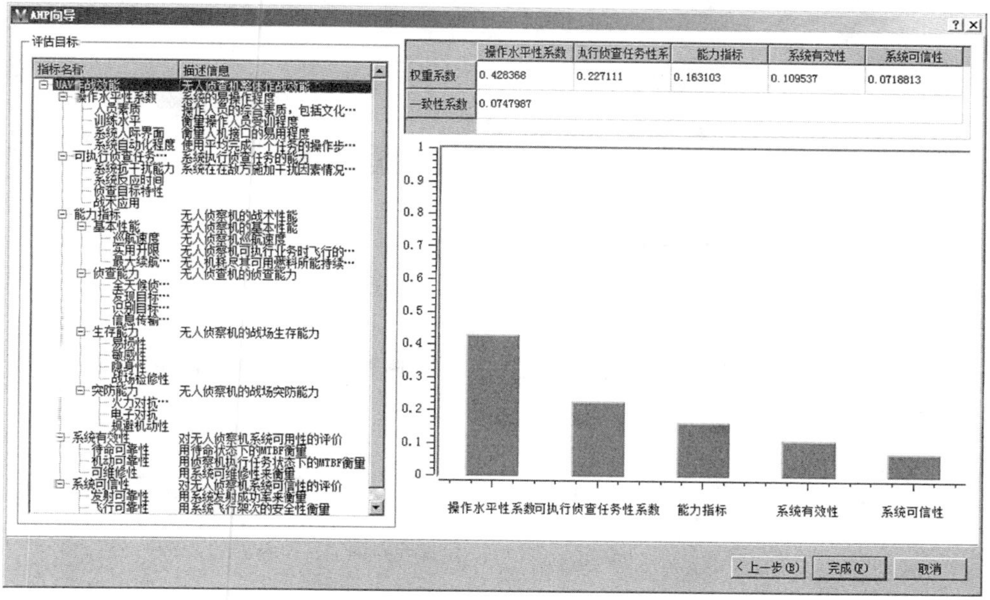

图 3-21 层次分析法权重计算界面

（3）评估任务管理模块。评估任务管理模块负责对评估任务的创建、编辑与保存，该模块的操作界面如图 3-24 所示。评估任务是指采用统一的评估方案对一个或多个相关评估对象进行一次评估的过程。创建评估任务首先需要设定评估对象和评价等级，而后通过配置评估流程中的算子参数，将数据预处理获得的

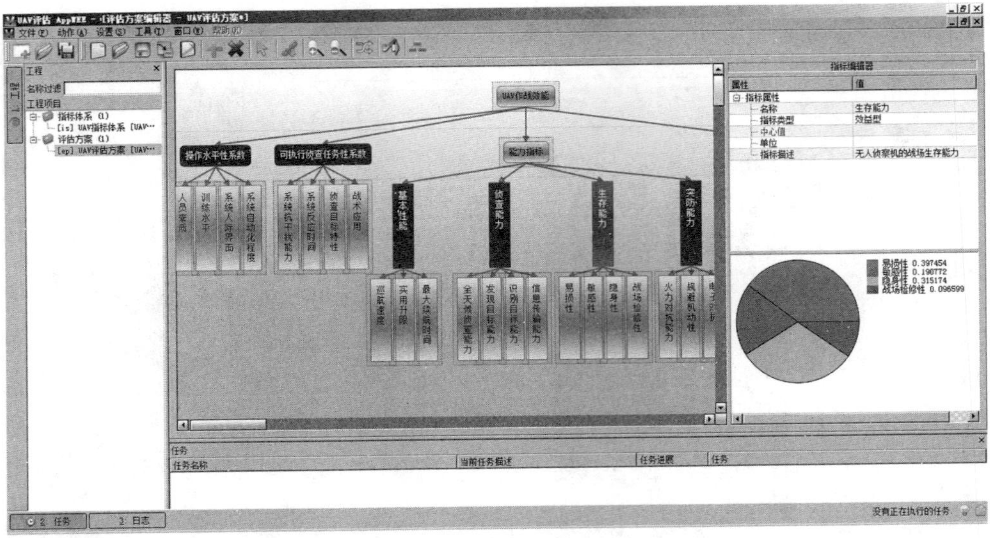

图 3-22　评估方案管理模块界面

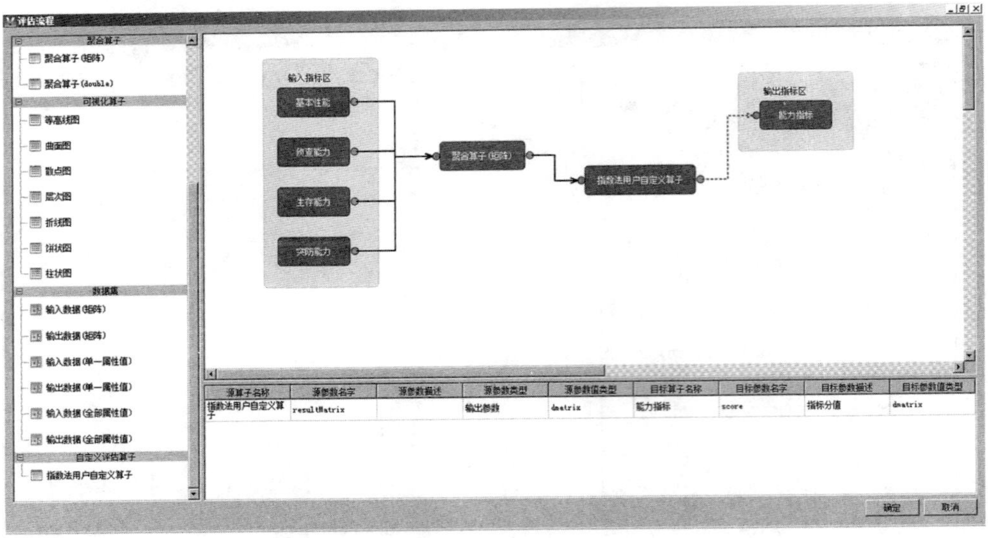

图 3-23　评估流程管理界面

数据输入给评估流程。图 3-25 为评估结果查看界面。

（4）评估数据预处理模块。评估数据预处理功能主要对各种来源的评估数据进行分组、过滤、归并、属性压缩变换以及数据统计计算，获得能够供各类效能评估算法使用的数据，数据预处理模块可以对一系列数据源和数据集进行管理。数据预处理模块包含了通用适配器和 DWK 专用数据适配器，通过 DWK 专用数据适配器可以方便的获取 DWK 仿真数据。评估数据预处理模块的界面如图 3-26 所示。

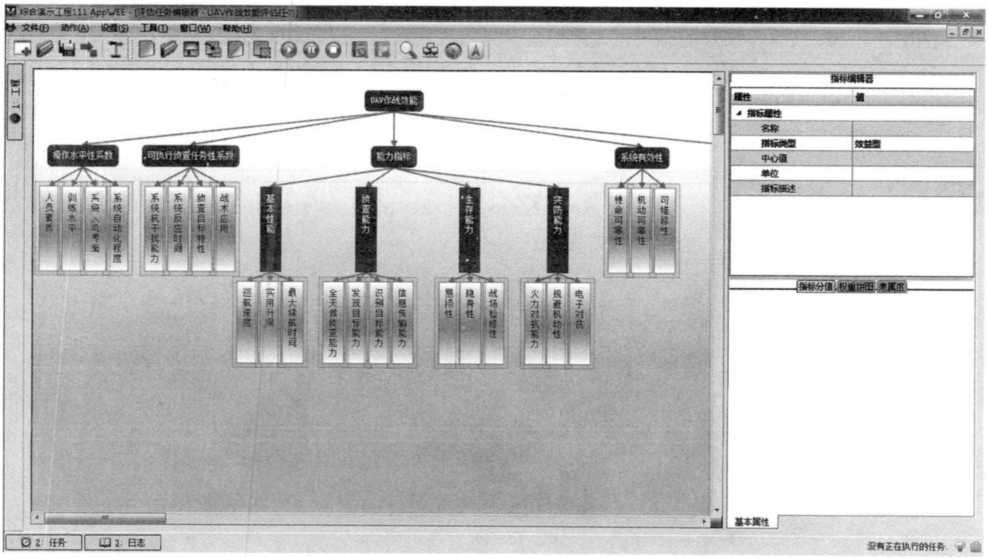

图 3-24 评估任务管理模块的操作界面

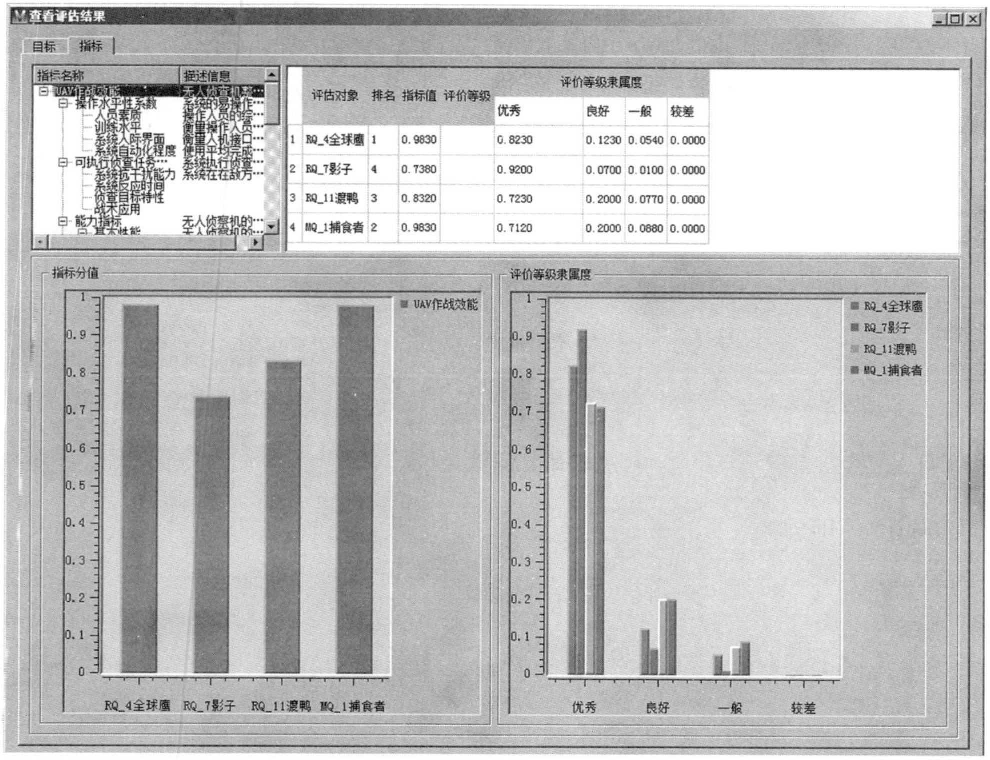

图 3-25 评估结果查看界面

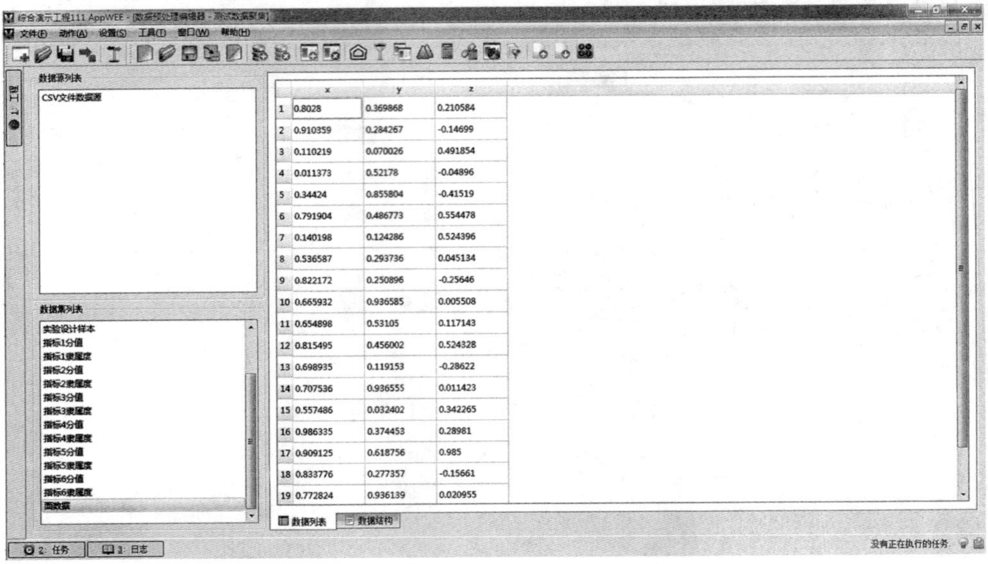

图 3-26　数据预处理编辑模块的操作界面

（5）评估工程管理模块。评估工程管理为效能评估提供统一的资源管理平台，可快速检索和显示各资源的关键属性，并且能够启动选择的资源编辑工具进行编辑。评估工程管理工具支持评估工程的创建、删除及工程项目的查看操作。该模块的操作界面如图 3-27 所示。

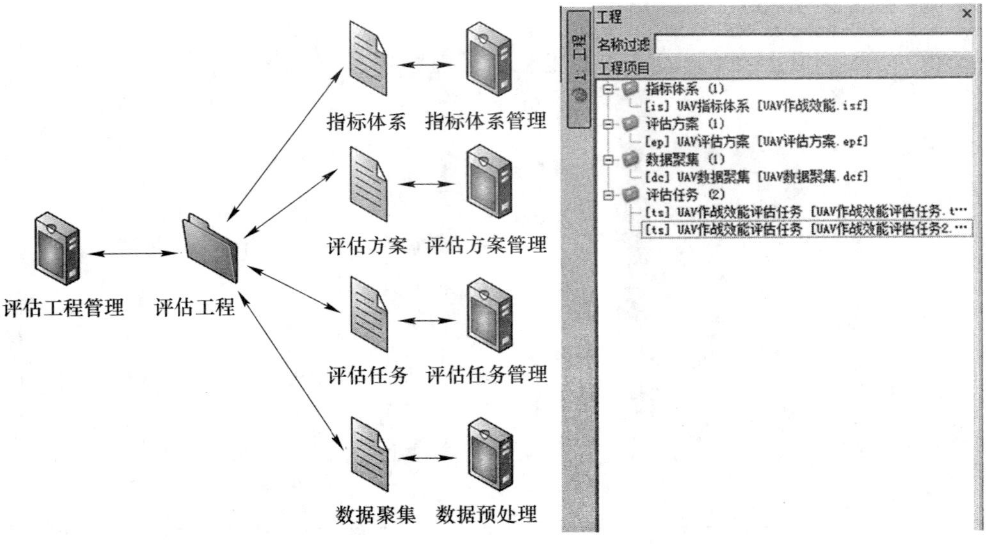

图 3-27　评估工程管理模块的操作界面

（6）评估算法库。AppWEE 的评估算法库提供了包括指标选取、效能评估、因素影响性分析、模型预测、评估结果可视化、数据集输入输出等多种算子，如图 3-28 所示。用户还可通过公式、脚本语言、算法插件三种方式对现有评估方法库进行扩展，如图 3-29 所示。

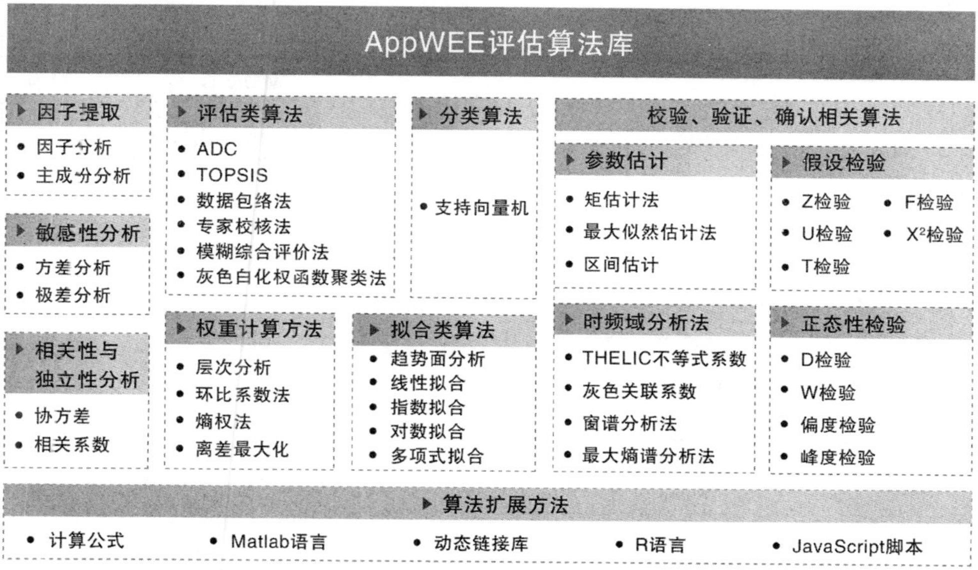

图 3-28 评估算法库

（7）评估算法向导模块。该模块提供了常用的 27 类常用算法提供算法向导，方便用户直接采用各类算法进行计算，该模块的主界面如图 3-30 所示。具体方法包括：层次分析法、模糊综合法、灰色白化权函数聚类、TOPSIS 法、趋势面分析、数据包络法、主成分分析法、极差分析、方差分析、主成分分析、因子分析、支持向量机、环比系数法、ADC 法、SEA 法、数据一致性分析、平滑滤波法、窗谱分析法、熵谱分析、一元拟合法、点估计、单总体区间估计、两个总体区间估计、单总体假设检验、两个总体假设检验、偏度和峰度检验、正态性检验、奇异值过滤。

（8）敏感性分析模块。敏感性分析模块负责计算正交实验设计方案中不同影响因素对各指标的影响程度，主要以极差分析和方差分析作为主要分析方法。其中极差分析在不考虑实验误差的情况下，定量计算各影响因素对指标的影响程度；方差分析引入实验误差，利用 F 分布检验，判别各影响因素对指标影响的显著程度。敏感性分析结果以分析图表、自然语言描述两种方式进行展示，如图 3-31 所示。

（9）全寿命周期效能评估。在效能评估工程中收集的评估结果之间可以进

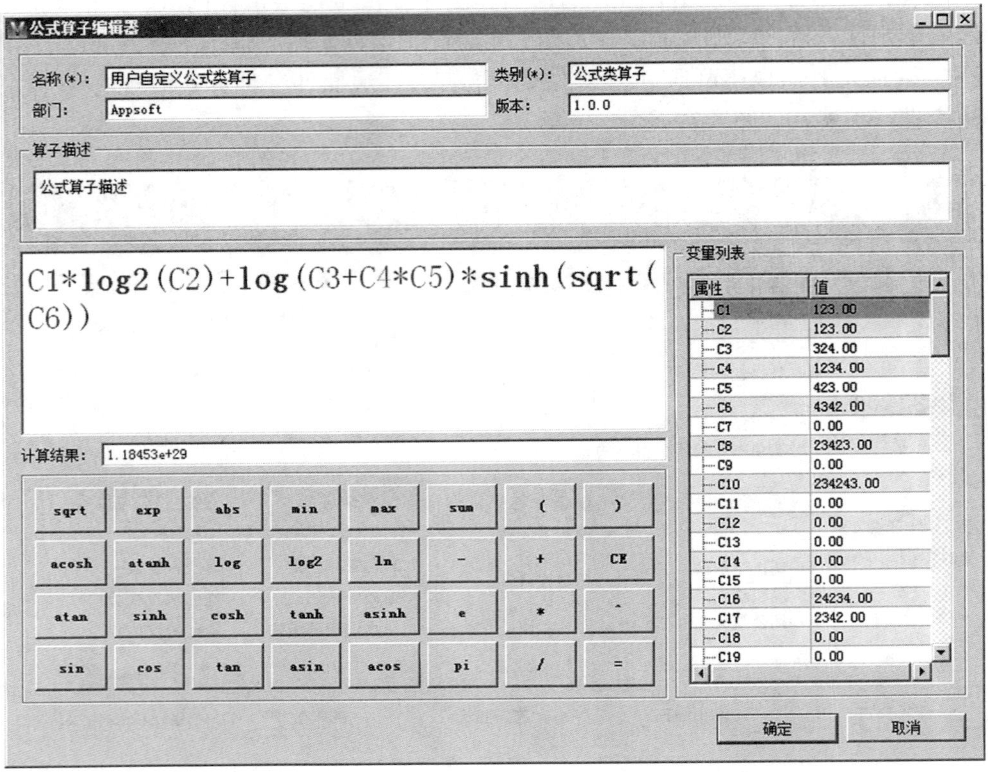

图 3-29　自定义公式类算子界面

行比较和趋势分析。

武器装备全寿命周期通常包括论证、方案、研制、鉴定、生产、使用、报废七个阶段。在全寿命周期中，会对装备效能进行设计、预计、测试、检验等工作。对各个阶段各种渠道收集的效能指标进行比较，可以完成下列工作：

1）装备效能鉴定，通过将研制阶段、生产阶段获得的效能指标与论证阶段、方案阶段的效能值进行对比，评判装备性能能否满足设计要求。

2）性能增长跟踪，随着设计和工艺的改进，装备性能会不断得到提升。根据持续记录的装备效能评估结果可以绘制出效能指标的增长趋势图，如图 3-32 所示。并可构建增长模型，对性能增长速度进行评价，对增长趋势进行预测。

c　AppWEE 的优势特点

(1) 评估流程清晰，容易使用。

1）纯中文环境、符合用户的使用操作习惯。

2）提供集成化的效能评估环境，对指标体系、评估方案、评估任务、评估数据进行一体化管理。

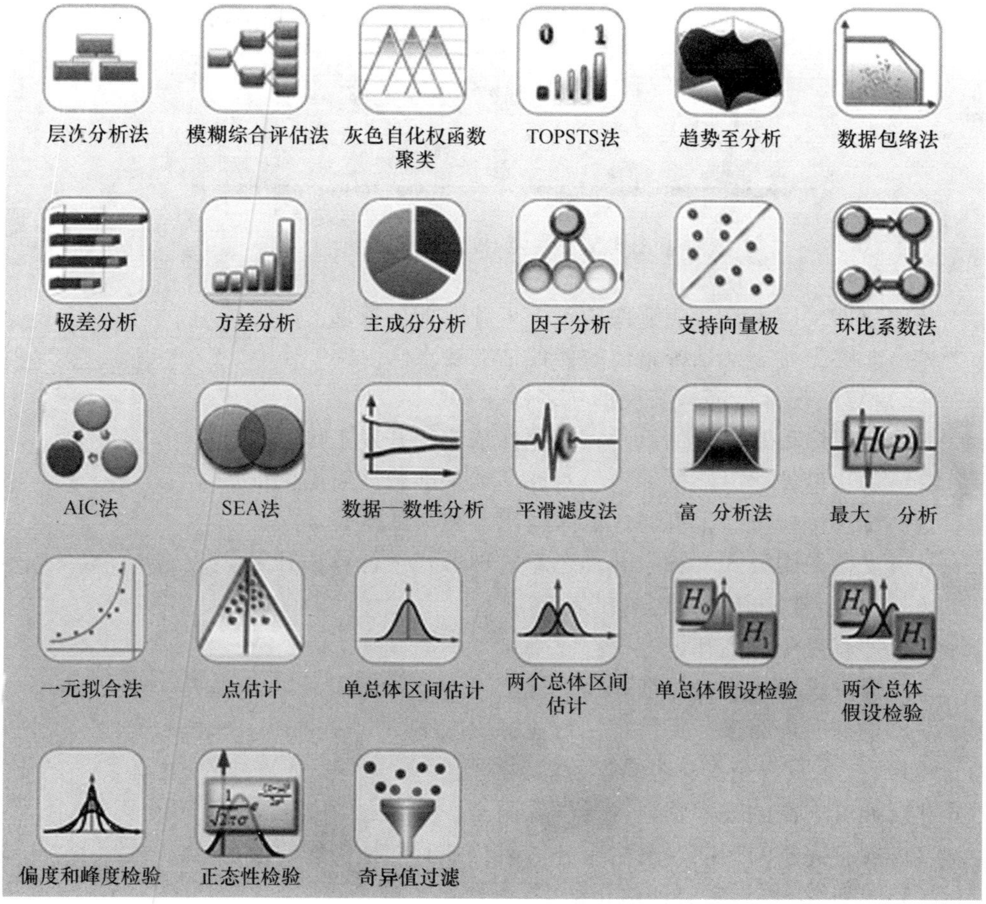

图 3-30 评估算法向导模块的主界面

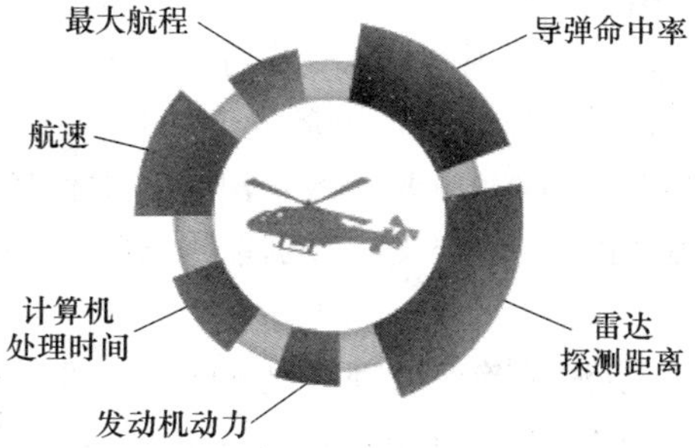

图 3-31 敏感性分析结果示例

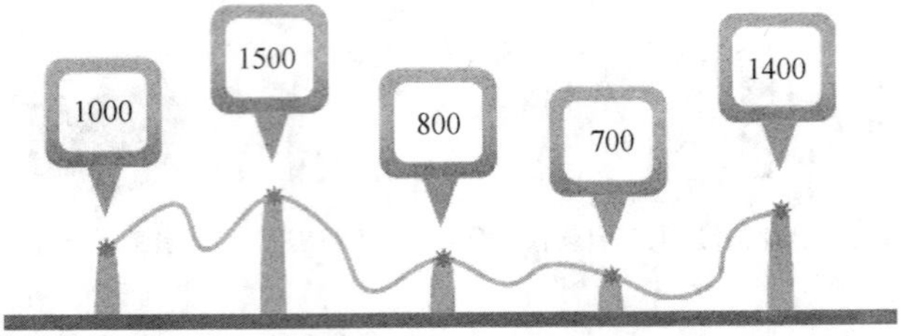

图 3-32　性能增长趋势图示例

3）数据接口丰富，能够使用多种来源的评估数据。

4）能够支持复杂系统整体效能评估的要求。

（2）算法设计严谨，实现形式多样。

1）内置多种常用评估算法，简化评估流程开发工作。

2）算法设计严谨测试细致，对评估结果准确性给出保证。

3）算法接口统一，可通过输入输出参数灵活组装。

4）支持采用公式、脚本、动态库三种形式进行算法开发。

（3）平台架构开放，容易扩展。

1）拥有完全自主知识产权。

2）提供统一的平台标准和接口规范。

3）根据客户需求，灵活定制行业解决方案。

（4）技术服务完善，容易学习。

1）拥有丰富的技术资料，易学易用。

2）拥有完善的售前、售后服务体系，随时随地为客户服务。

（5）事后分析与实时评估相结合。

1）事后评估与实时评估规则统一。

2）提供所见即所得的实时评估监控界面编辑环境。

F　资源管理工具 AppSRM

资源管理工具 AppSRM 对资源的管理贯穿于装备论证与设计全过程，实现了对项目过程所有资源的全周期管理。普惠环的五个主要工具均有独立的数据库，AppSRM 将五个数据库打通，按客户要求展示出来，类似于一个中间件，并不改变环上的软件。AppSRM 通过权限定义，根据需求到各个数据库读取数据，与各个软件进行交互。

AppSRM 提供对仿真资源的静态管理与动态管理。仿真资源的静态管理，综合考虑了资源的类别、面向的用户类别、层次粒度、生命周期等多方面的内容，从而将资源整合成一个体系。AppSRM 除了对仿真资源及其之间的关系进行管理外，还提供了面向仿真过程的动态资源管理机制，实现仿真资源与仿真系统的紧密集成。基于动态过程，使用流程对相关资源进行集成管理，是提高仿真资源管理效率和管理效果的重要途径。

a AppSRM 介绍

AppSRM（Simulation Resource Management）提供一个集中的仿真数据存储解决方案，建立起企业级的应用仿真数据库，使得大量的多种格式的仿真数据可以进行统一的归档和维护，实现仿真资源信息的持续积累和巩固。增强仿真资源的重用性、共享性、互操作性，增进系统开发的效率和可靠性。AppSRM 的组成如图 3-33 所示。

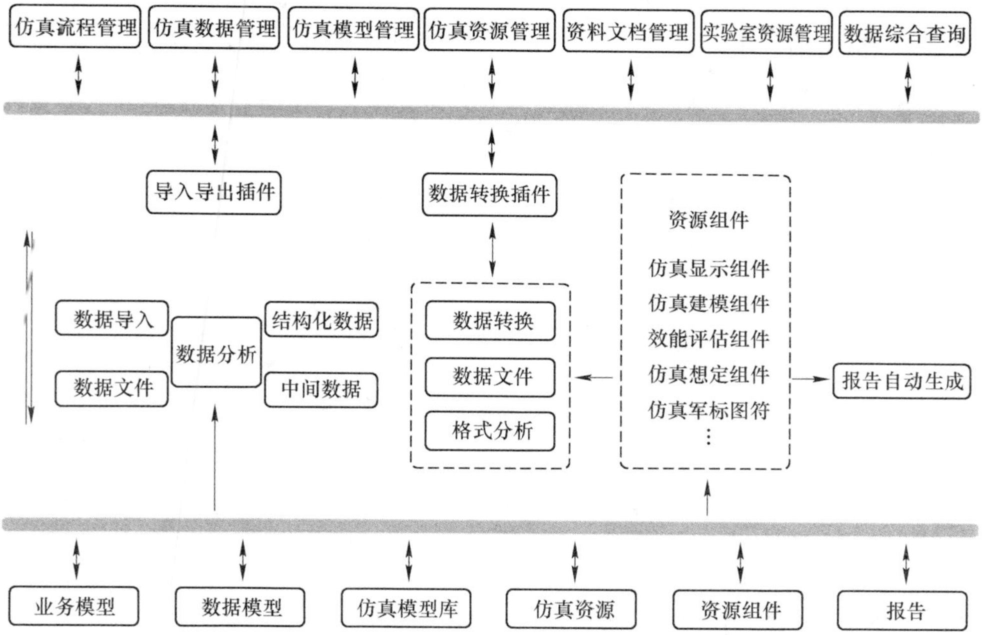

图 3-33 AppSRM 的组成

b 功能概述

（1）柔性仿真流程模块。针对仿真过程多变性的特点，系统通过流程编辑器定义整个仿真过程。搭建不同的仿真流程以适应不同仿真过程管理需要。针对不同的仿真过程可设计不同的流程表单、模板、处理方式、处理人。

（2）模型管理模块。支持自定义模型分类体系，能够满足不同模型体系和模型分类。

（3）工具软件、席位管理模块。根据实际情况对仿真过程中所用到的各类工具软件、席位及其属性信息进行自定义。

（4）实验室管理模块。以图形化的方式对仿真实验室的资源情况进行整体的掌控。

（5）算法管理模块。自定义分类组织与管理通用的算法及算法描述，并对算法组件进行管理。

（6）资料/文档管理模块。分类组织管理各类资料文档，提供属性描述自定义功能及灵活多样的维护。

（7）仿真数据管理模块。对整个仿真过程所产生的数据进行统一管理及存储。

c　优势特点

（1）支持分布、异构性的平台。AppSRM 针对仿真领域分布、异构性的特点，通过统一的资源访问接口将各类仿真资源进行整合，如图 3-34 所示。仿真资源包括：数据库、各类文档资料、软件工具、硬件设备及半实物模拟器等。

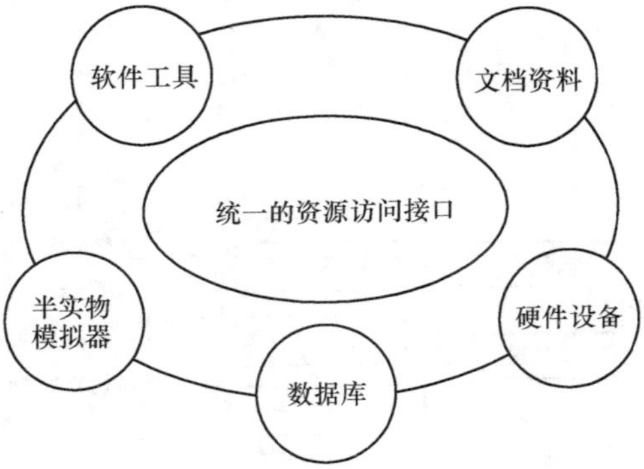

图 3-34　通过统一资源访问接口支持分布、异构性平台

（2）多维度数据结构。针对每个业务人员所关注的资源各有不同，系统还支持以多种维度对已经管理的各种资源数据进行浏览，如图 3-35 所示，包括按照型号、种类、日期等，还可以将仿真资源数据的属性信息作为建立维度的基础，对已经建立的各种资源数据重新以其他的分类形式和分类规则来浏览和查询。

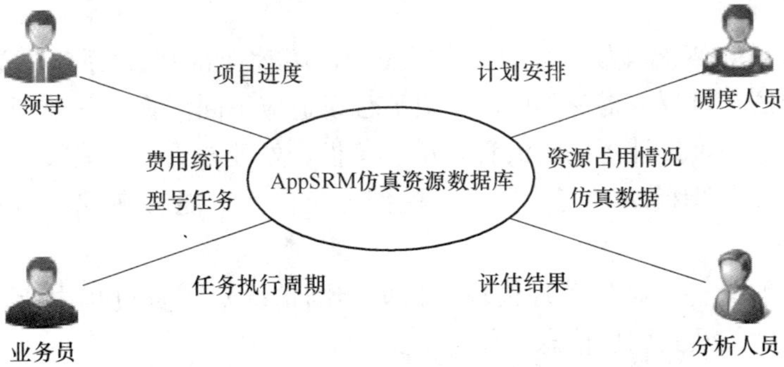

图 3-35　AppSRM 的多维度数据浏览

（3）双维度管理结构。AppSRM从管理的角度出发，将内部和外部的各类仿真资源放入统一的平台，如图3-36所示。在系统内部通过建立不同的数据库，对各种资源进行分类管理，有效的提高整体管理水平。

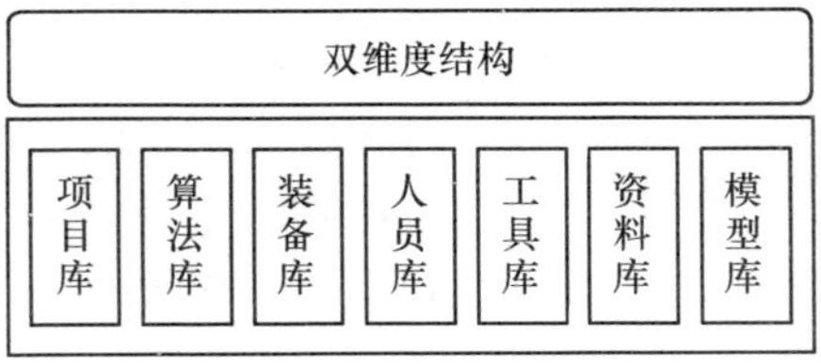

图3-36 AppRM的双维度管理结构

"普惠环"是基于模型的系统工程仿真方法，可以实现对复杂系统从"需求采集与管理→体系建模→可视化演示验证→仿真和测试→效能评估"设计研制与测试的全生命周期管理，已成功应用于船舶、国防、汽车、轨道交通、航空航天、电力电子等领域的论证研究、装备研制、装备测试试验、模拟训练和战术论证，可显著缩短研发周期、降低研发成本、提升装备性能，为军工和民用企业带来明显的经济效益。

（1）在装备立项论证研究方面：普惠环可以建立论证仿真支撑平台，为装备的立项论证起到巨大推动作用。建立了体系论证仿真平台、空间系统、机载系统及它们的信息传输系统，建立论证仿真支撑，对装备的立项论证和战术使用起到巨大推动作用。

（2）在装备研制方面：普惠环用于装备研制，可以有效节约试验成本，缩短武器系统研制周期。为某工程的研制提供了工具支撑，加速了工程的研制进度，保证了工程的研制质量。采用普惠环研制了大规模联合实兵模拟训练数据综合处理系统，作为整套训练系统的核心关键部分，完成信息的汇集、处理、分发。平台针对雷达、二次雷达、数据链和电磁环境构建数字仿真系统和半实物仿真系统，以及相应的战场环境装备模型，基于普惠环对不同作战方案进行仿真评估，持续优化综合识别系统的设计方案。

（3）在装备测试试验方面：普惠环可为装备系统定性和战术使用提供技术保障。为水下武器系统定量评估和战术使用提供了技术保障手段，完成水下武器系统的实验验证，为水下武器系统定性和战术使用提供了技术保障手段。同时，为水下武器系统的内场实验，节约了近40%的实验成本，缩短了3个月的研制周期。

（4）在模拟训练方面：基于普惠环开发，支持学习、训练、考核模式，支持理论与实操考核，支持特勤训练，恢复性训练，人员考核晋级。建立了网络信息战训练系统，提高官兵对网络战的作战技能。构建了演习的岸上系统，对作战能力提供了保障。基于普惠环构建了海军战术模拟训练环境，构建包括水文、气象、地理、电磁、核生化环境，为训练提供了相关标准。构建了电子对抗模拟训练系统，实现电子对抗相关人员的战术使用训练，可以把实装系统与真实的战术应用软件加入系统中，提高训练的真实性。

（5）在战术论证方面：通过开发作战体系的全要素仿真模型，创建人不在回路的全智能战役指挥决策系统和超过多个兵力实体的高效仿真。平台用于战术论证建立了空军心理战评估系统，对空军心理战装备研制和使用提供了支撑。普惠环还建立了战役级作战研究平台，实现战役级作战仿真，对装备的总体发展论证和战役使用具有推动作用。

普惠环平台自主可控，基于多年技术积累已经形成了一套成熟的方法论，积累了百余家用户单位。

3.2　TRIZ 方法

TRIZ 是原俄文字母 Teorija Rezbenija Izobretatelskih Zadach 的缩写，它的含义是发明问题解决理论。TRIZ 是由前苏联发明家、教育家根里奇·阿奇舒勒和他的研究团队，通过分析大量专利和创新案例总结而来。TRIZ 理论研究人类进行发明创造、解决技术难题过程中所遵循的科学原理和法则，曾经被称作前苏联的“国术”和“发明创新的点金术”。国内外翻译为“萃智”或者“萃思”，取其“萃取智慧”或“萃取思考”之义。TRIZ 理论揭示了创造发明的内在规律和原理，着力于澄清和强调系统中存在的矛盾，其目标是完全解决矛盾，获得最终的理想解。它是基于技术的发展演化规律研究整个设计与开发过程，而不是随机的行为。实践证明，运用 TRIZ 理论能加快人们创造发明的进程而且能得到高质量的创新产品。

TRIZ 是基于知识的，面向设计者创新问题的解决系统化方法学，其核心含义是由解决发明问题而最终实现技术和管理创新，因为解决问题就是要实现发明的实用化。TRIZ 理论的三个基础：（1）产品及其技术的发展总是遵循着一定的客观规律；（2）同一条规律往往在不同的产品或技术领域被反复应用，很多创新实质上往往是其他领域技术在某一领域的全新应用；（3）人们只要遵循着产品及其技术发展的客观规律就能够能动地进行产品设计并预测产品的未来发展趋势。

对比传统的创新方法，如试错法，头脑风暴法等，TRIZ 理论具有鲜明的特点和优势。（1）TRIZ 对问题情境进行系统的分析，可快速发现问题本质，准确定义创新性问题和矛盾。对创新性问题或者矛盾提供更合理的解决方案和更好的创意。（2）TRIZ 打破思维定式，激发创新能力，从更广的视角看待问题。（3）它基于技术系统进化规律准确确定探索方向，预测未来发展趋势，开发新产品，而不再是随机的行为。（4）TRIZ 引导创新者打破知识领域界限，实现技术突破。（5）运用 TRIZ 理论，可大大加快人们创造发明的进程而且能得到高质量的创新产品。（6）它能够帮助我们系统地分析问题情境，快速发现问题本质或者矛盾，它能够准确确定问题探索方向，不会错过各种可能。

为了能更有效的实施 TRIZ 理论体系，根里奇·阿奇舒勒依据发明创造对科学的贡献、技术的应用范围及为社会带来的经济效益等情况划分 5 个等级，并且深入研究和分析不同等级发明的各自特点。

第 1 级：多数为参数优化类的小型发明，一般为通常的设计或对已有系统的简单改进，这些变更不会影响产品系统的整体结构。这一类发明并不需要任何相邻领域的专门技术或知识，问题的解决主要凭借设计人员自身掌握的知识和经验，不需要创新，只是知识和经验的应用。例如，为更好地保温，将塑钢窗加厚；用承载量更大的重型卡车替代轻型卡车，以实现运输成本的降低。据统计大约有 32% 的发明专利属于第一级发明。

第 2 级：通过解决一个技术矛盾对已有系统进行少量改进，如通过改变产品系统中某个组件，只需要改变数十个参数，即以定性方式改变产品。这一类问题的解决主要采用行业内已有的理论、知识和经验。解决这类问题的传统方法是折中法。例如在焊接装置上增加的一个灭火器、斧头的空心手柄等。约有 45% 的发明专利属于此等级。

第 3 级：对已有系统的根本性进行改进，如产品系统中的几个组件发生全面变化，需要有上百个变量发生变化。这一类问题的解决主要采用本行业以外的已有方法和知识，设计过程中要解决矛盾。例如，汽车上用自动传动系统代替机械传动系统；计算机使用鼠标；电钻上安装离合器等。约有 18% 的发明专利属于第三等级。

第 4 级：采用全新的原理完成对已有系统基本功能的创新，即创造新的事物，需要数千个甚至数万个变量加以改善的情境。这一类问题的解决主要是从科学的角度而不是从工程的角度出发，充分控制和利用科学知识、科学原理实现新的发明创造。如第一台内燃机的出现、集成电路的发明、充气轮胎、记忆合金管接头。约有 4% 的发明专利属于第四等级。

第 5 级：罕见的科学原理导致一种新系统的发明、发现。这一类问题的解决主要是依据自然规律的新发现或科学的新发现。如计算机、形状记忆合金、蒸汽机、激光、灯泡的首次发明。约有 1% 的发明专利属于第五等级。

根里奇·阿奇舒勒的 TRIZ 理论体系主要内容包括：技术系统进化法则、最终理想解（IFR）、39 个矛盾矩阵及工程参数、40 个发明原理、物 - 场模型分析、发明问题解决算法（ARIZ），以及科学和技术效果数据库、需求分析等方法。发明创造的等级见表 3-1。

表 3-1　发明创造的等级

级别	发明程度	解决方法/%	知识来源	考虑的问题
1	方法明显	32	个人知识	10
2	小的改进	45	公司知识	100
3	大的改进	18	行业知识	1000
4	新概念	4	行业以外知识	10000
5	新发现	1	所有的知识	100000

3.2.1　技术系统进化法则

技术系统进化论是 TRIZ 理论最重要的理论之一。阿奇舒勒认为，技术系统的进化并非取决于人的主观愿望，而是遵循事物进化的客观规律和模式，所有系统都必然向着“最终理想化”的方向进化。

TRIZ 的技术系统八大进化法则分别是：(1) 技术系统的 S 曲线进化法则；(2) 提高理想度法则；(3) 子系统的不均衡进化法则；(4) 动态性和可控性进化法则；(5) 增加集成度再进行简化法则；(6) 子系统协调性进化法则；(7) 向微观级和增加场应用的进化法则；(8) 减少人工介入的进化法则。技术系统的这八大进化法则可以应用于产生市场需求、定性技术预测、产生新技术、专利布局和选择企业战略制定的时机等。它可以用来解决难题，预测技术系统，产生并加强创造性问题的解决工具。

3.2.1.1　8 大法则简介

下面对八大技术系统进化法则进行简单介绍。

(1) 技术系统的 S 曲线进化法则，见图 3-37。技术系统的 S 曲线进化法则主要分为婴儿期、成长期、成熟期、衰退期四个阶段。

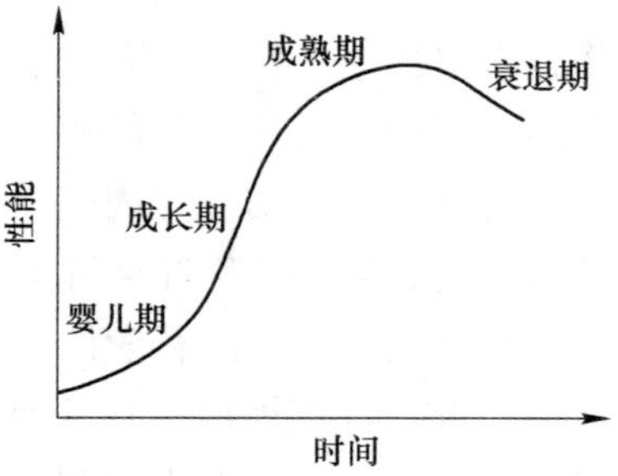

图 3-37　S 曲线

(2) 提高理想度法则：

1) 一个系统在实现功能的同时，必然有 2 个方面的作用：有用功能和有害功能；

2) 理想度是指有用作用和有害作用的比值；

3) 系统改进的一般方向是最大化理想度比值；

4) 在建立和选择发明解法的同时，需要努力提升理想度水平。

提高理想度可以从 4 个方向予以考虑：增加系统的功能；传输尽可能多的功

能到工作元件上；将一些系统功能转移到超系统和外部环境中；利用内部或外部已经存在的可利用资源。

（3）子系统的不均衡进化法则：

1）每个子系统都是沿着自己的 S 曲线进化的。

2）不同的子系统将依据自己的时间进度进化。

3）不同的子系统在不同的时间点到达自己的极限，这将导致子系统间矛盾的出现。

4）系统中最先到达其极限的子系统将抑制整个系统的进化，系统的进化水平取决于此系统需要考虑系统的持续改进来消除矛盾。

（4）动态性和可控性进化法则：

1）增加系统的动态性，以更大的柔性和可移动性来获得功能的实现。

2）增加系统的动态性要求增加可控性。

（5）增加集成度再进行简化法则：

1）增加集成度的路径。

2）简化路径。

3）单－双－多－路径。

4）子系统分离路径。

（6）子系统协调性进化法则：

1）匹配和不匹配元件的路径。

2）调节的匹配和不匹配的路径。

3）工具和工件匹配的路径。

4）匹配制造工程中加工动作节拍的路径。

（7）向微观级和场的应用进化法则：

1）向微观级转化的路径。

2）转化到高效场的路径。

3）增加场效率的路径。

4）分割的路径。

（8）减少人工介入的进化法则：

1）减少人工介入的一般路径。

2）本路径的技术进化阶段：包括人工动作的系统→替代人工但仍保留人工动作的方法→用机器动作完全代替人工。

3）在同一水平上减少人工介入的路径。

4）本路径的技术进化阶段：包含人工作用的系统→用执行机构替代人工→用能量传输机构替代人工→用能量源替代人工。

5）不同水平上减少人工介入的路径。

6）本路径的技术进化阶段：包含人工作用的系统→用执行机构替代人工→在控制水平上替代人工→在决策水平上替代人工。

3.2.1.2　技术系统进化法则的应用—汽车车架的进化路线

TRIZ 中子系统协调性进化法则指出：在技术系统的进化中，子系统的匹配和不匹配交替出现，以改善性能或补偿不理想的作用。也就是说技术系统的进化是沿着各个子系统相互之间更协调的方向发展。即系统的各个部件在保持协调的前提下，充分发挥各自的功能。对车架增加保险杠，提高汽车的防撞性能，提高安全性。

这次进化的地方是将原来的最容易发生碰撞的前端增加了保险杠，从而使汽车的防撞性能得到改善。

TRIZ 指出技术系统的动态性进化应沿着增加结构柔性、可移动性、可控性的方向发展，以适应环境状况或执行方式的变化。

选择动态性的增加可控性进化路线：无控制→直接控制→反馈控制→自我调节，即引入某种部件，即增加防抱死系统，具体方案如图 3-38 所示。

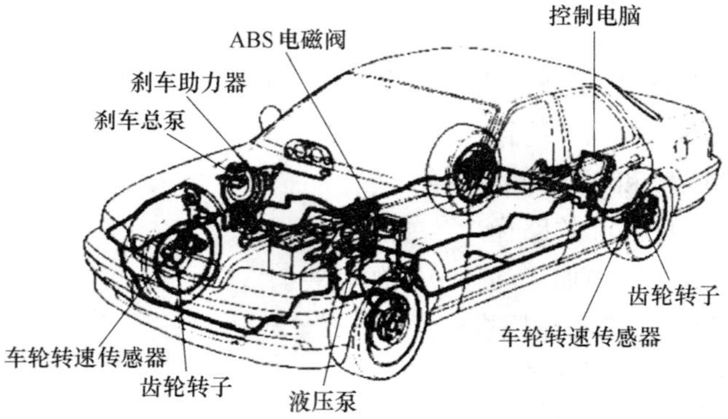

图 3-38　控制系统进化路线

3.2.2　最终理想解（IFR）

为了避免试错法、头脑风暴法等传统创新方法中思维过于发散、创新效率低下的缺陷，TRIZ 理论在解决问题之初，首先抛开各种客观限制条件，设立各种理想模型（即最优模型结构）来分析问题解决的可能方向和位置，并以取得最终理想解（Ideal Final Result，IFR）作为终极追求目标，从而避免了传统创新设计方法中缺乏目标的弊端，提升了创新设计的效率。

最终理想解（IFR）有四个特点：（1）保持了原系统的优点；（2）消除了原系统的不足；（3）没有使系统变得更复杂；（4）没有引入新的缺陷。

当确定了待设计产品或系统的最终理想解之后，可用这 4 个特点检查其有无不符合之处，并进行系统优化，以确认达到或接近 IFR 为止。

在用 TRIZ 进行创新设计，对于多种方案的比较选择时，根据下公式计算各方案的理想化水平，将理想化水平值按照高低排序，作为方案选择的第一依据。

$$I = \Sigma B / (\Sigma C + \Sigma H)$$

式中 I——理想化水平；

ΣB——效益之和；

ΣC——成本之和（如材料成本、时间、空间、资源、复杂度、能量、质量……）；

ΣH——危害之和（如废弃物、污染……）。

例如割草机改进。割草机在割草时，发出噪音、消耗能源、产生空气污染、高速飞出的草有时会伤害到操作者。现在的第一任务是改进已有的割草机，解决噪音问题。

传统设计中，为了达到降低噪音的目的，一般的设计者要为系统增加阻尼器、减震器等等的子系统，这不仅增加了系统的复杂性，而且增加的子系统也降低了系统的可靠性。显然，这不符合 IFR 的 4 个特点中的后 2 个。

如果用 IFR 来分析问题，会得到截然不同的创新设计方案。

先确定客户需求是什么，客户需要的是漂亮整洁的草坪，割草机并不是客户的最终需求，只是维护草坪的一个工具，割草机具有维护草坪整洁的一个有用功能之外，带来的是大量的无用功能。

从割草机与草坪构成的系统看，其 IFR 为草坪上的草始终维持一个固定的高度，为此，就诞生了“漂亮草种（smart grass seed）”，这种草生长到一定高度就停止生长。割草机不再被需要，问题得到理想解决。

3.2.3 39 个矛盾矩阵及工程参数

39 个通用参数用来描述系统中出现的绝大部分技术矛盾，通过对矛盾的分析，在矛盾表中查找可能的解法，见表 3-2。

表 3-2 39 个通用参数

序号	名 称	序号	名 称	序号	名 称
1	运动物体的质量	7	运动物体的体积	13	结构的稳定性
2	静止物体的质量	8	静止物体的体积	14	强度
3	运动物体的长度	9	速度	15	运动物体作用时间
4	静止物体的长度	10	力	16	静止物体作用时间
5	运动物体的面积	11	应力或压力	17	温度
6	静止物体的面积	12	形状	18	明亮度

续表 3-2

序号	名　称	序号	名　称	序号	名　称
19	运动物体的能量消耗	27	可靠性	32	可制造性
20	静止物体的能量消耗	28	测量准确度	33	可操作性
21	功率	29	制造准确度	34	可维修性
22	能量损失	30	来自外部作用于物体的有害因素（外来有害因素）	35	适应性
23	物质损失			36	装置的复杂性
24	信息损失			37	控制的复杂性
25	时间损失	31	物体产生的有害因素（有害的副作用）	38	自动化程度
26	物质的数量			39	生产率

39 个参数中可分为“改善的参数”和“恶化的参数”两大类。

（1）改善的参数：系统改进中将提升或加强的特性所对应的通用工程参数。当这个参数提高时，系统的性能会变好。

（2）恶化的参数：在某个工程参数得以改善的同时，将会导致其他一个或多个工程参数的变差，这些变差的通用工程参数称为恶化的参数。

改善的参数和恶化的参数组成了技术系统内部的技术矛盾，如表 3-3 所示汽车的技术矛盾。创新的过程就是消除这些矛盾，让相互矛盾的两个通用工程参数不再相互制约，能同时改善，实现“双赢”，从而推动产品向提高理想度方向发展。

表 3-3　汽车的技术矛盾参数

改　善	恶　化
增加速度	稳定性降低
	安全性降低

对于此，TRIZ 理论体系给出了使用通用工程参数来描述冲突的办法。在 TRIZ 理论体系中，对于解决技术冲突的解决原理具体为以下步骤：首先对设计系统进行名称定义；对设计系统进行主要功能的明确；对设计系统的关键子系统以及各种辅助功能予以明确；对设计系统的操作进行描述；对设计系统应改善的特性以及应该消除的特性进行明确；按标准的各个工程参数对将涉及到的参数进行重新描述；明确如果某一工程参数要得到改善将导致哪些参数恶化，即对技术冲突进行描述；明确假如降低参数恶化的程度，要改善参数将被削弱或另一恶化参数被加强，即对技术冲突进行另一种描述；对冲突双方在冲突矩阵中相应的矩阵元素进行确定；通过以上元素对可用发明原理进行确定；将所确定的原理实践到产品设计人员碰到的问题中；对确定的原理进行评价，并完善设计。

3.2.4 40 个发明原理

阿奇舒勒对大量的专利进行了研究、分析和总结，提炼出了 TRIZ 中最重要的、具有普遍用途的这 40 个发明原理（见表 3-4），原理是获得冲突解所应遵循的一般规律。TRIZ 主要研究技术与物理两种冲突。所谓技术冲突指的是一个作用同时导致正面及负面两种结果，有的时候也可以指在引入正面作用的引入或消除负面作用的同时导致其他的一个或几个子系统的功能受到负面影响，进而使得整个系统受到负面影响。技术冲突通常的表现是一个整体系统中两个子系统间的不协调或者冲突。所谓物理冲突指的是为了实现某项功能，整个系统中的某个子系统或元件具有了一种特性，但是该子系统或元件又同时出现了与该特性相反的特性。我们在研究解决方案的时候，物理冲突是关键问题之一。TRIZ 引导设计者挑选能解决特定冲突的原理，其前提是要按标准参数确定冲突，然后利用 39 通用参数标准冲突和 40 条发明创造原理解决冲突。

表 3-4 40 个发明原理

1	分割	11	事先防范	21	减少有害作用的时间	31	多孔材料
2	抽取	12	等势	22	变害为利	32	改变颜色
3	局部质量	13	反向作用	23	反馈	33	同质性
4	增加不对称性	14	曲率作用	24	借助中介物	34	抛弃或再生
5	组合、合并	15	动态特性	25	自服务	35	物理化学参数变化
6	多用性	16	未达到或过度的作用	26	复制	36	相变
7	嵌套	17	一维变多维	27	廉价替代品	37	热膨胀
8	重量补偿	18	机械振动	28	机械系统替代	38	加速氧化
9	预先反作用	19	周期性动作	29	气压或液压结构	39	惰性环境
10	预先作用	20	有效作用的连续性	30	柔性壳体或薄膜	40	复合材料

3.2.5 物－场模型分析

物－场模型分析是 TRIZ 理论建立的另一种重要的问题描述和分析工具。当我们无法确定技术系统（或子系统）中的工程参数时，我们显然也就无法运用矛盾矩阵来寻找相应的发明原理，这时可以借助物－场模型分析工具来寻求解决方案。

人们设计一个技术系统的目的是为了让这个系统具有某种特定的功能，大到飞机、小到玩具莫不如此。那么，能够执行某个功能的最小的系统至少应当包含哪些元素呢？TRIZ 理论认为，最小的系统单元至少应当由两个元素以及两个元素间传递的能量组成，才可以执行一个功能。阿奇舒勒把功能定义为两个物质

（元素）与作用于它们中的场（能量）之间的交互作用，即：物质S2（如：工具）通过能量F（如：机械力）作用于物质S1（如：工件或原料），产生的输出（功能）。最典型的物－场模型如图3-39所示。

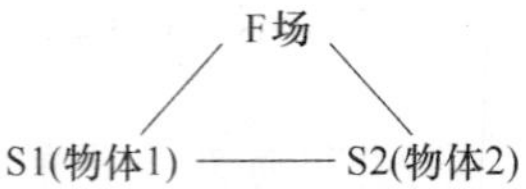

图3-39　物场分析模型

在功能的3个基本元素中S1，S2是具体的，即是"物"（一般用S1表示原料，用S2表示工具）；F是抽象的，即是"场"。这就构成了物－场模型。S1，S2可以是材料、工具、零件、人、环境等；F可以是机械场（Me）、热场（Th）、化学场（Ch）、电场（E）、磁场（M）、重力场（G）等。

物场模型大致可以分为以下四种情况（见表3-5），与此相对应的"一般解法"共有六种：

表3-5　4种物场模型解法

序号	分类	含　义	解　法
1	有效完整模型	功能的三个元素都存在，且有效	
2	不完整模型	功能的三个元素不同时存在，可能缺少场，也可能缺少物	解法1：补齐所缺的元素，增加场F或工具S2，使其成为完整模型
3	效应不足的完整模型	功能的三个元素都存在，但不能实现设计者的目标	解法4：用另一个场F2代替原来的场F1 解法5：增加另外一个场F2来强化有用的效应 解法6：插进一个物质S3并加上另一个场F2来提高有用效应
4	有害效应的完整模型	功能的三个元素都存在，但产生了与设计愿望相反的有害效应	解法2：加入第三种物质S3，用来阻止有害作用 解法3：增加另外一个场F2来抵消原来有害场的效应

3.2.6　发明问题解决算法（ARIZ）

按照TRIZ对发明问题的五级分类，一般较为简单的一到三级发明问题，运用TRIZ体系中的其他几种理论和模型就可以解决。而那些复杂的四、五级发明问题，由于没有明显的矛盾，不能直接依靠矛盾矩阵或物质－场分析解决，必须对其进行逐步分析并构建矛盾，此时需要应用TRIZ1141体系中的一种算法——发明问题解决算法（ARIZ），做系统的分析和求解。ARIZ是TRIZ中最强有力的工具，由Altshuller于1956年提出，之后经过近40年的不断完善，形成了比较完整的体系。

ARIZ（Algorithm For Inventive-Problem Solving）是一种主要工具，其本质是一套发明问题的解决算法。这种算法的核心是使用一套逻辑过程有步骤地程式化初始问题。该算法特别强调冲突与理想解的程式化，一方面技术系统向理想解的方向进化，另一方面如果一个技术问题存在冲突需要克服，该问题就变成一个创新问题。我们在实际工作中要注意当我们没有弄清楚问题的本质之前，必须不断地分析问题、细化问题，直到物理冲突被完全确定，这通常是应用创新取得成功的关键。

ARIZ 算法工具一般通过以下 7 个步骤来解决发明问题：

（1）选择问题。寻找并确定迂回问题，我们要弄清楚最终要解决的是迂回问题还是原问题。

（2）建立问题模型。使用有一个矛盾对的符合系统规则的表达形式去表现我们碰到的普通问题，也就是说我们需要用标准表述的方式表示出问题模式。

（3）分析问题模式。选择出容易被改变的元素，写出合理的标准表述。

（4）消除物理矛盾。使用物一场转换表和典型问题模式表把物理矛盾转化成技术矛盾。然后通过技术矛盾的发明原理，求得解决方案。

（5）对得到的解决方案进行初步评价。

（6）根据评估结果对所得到的答案进行发展。对系统的变化趋势进行评估，判断是否有新用途，同时它是否能被用于解决其他的问题。

（7）分析解决进程。将理论解决进程与实际解决进程进行对照，将得到的答案与表中给出的答案进行对比，同时记录下那些有偏离的信息。

ARIZ 大致分析过程是这样：首先将系统中存在的问题最小化，原则是在系统能够实现其必要功能的前提下，尽可能不改变或少改变系统；其次是定义系统的技术冲突，并建立“问题模型”；再次是分析该问题模型，定义问题所包含的时间和空间，利用物场分析法分析系统中所包含的资源；最后定义系统的最终理想解。通常为了获取系统的理想解，需要从宏观和微观级上分别定义系统中所包含的物理冲突。接下来是消除物理冲突，冲突的消除需要最大限度地利用系统内的资源并借助物理学、化学、几何学等工程学原理与科学效应。作为一种规则，经过分析原理的应用后如问题仍无解，则可能为初始问题标准化定义有误，需调整初始问题模型，或者对问题重新进行更标准化的定义。

下面是用 ARIZ 算法解决一个有关摩擦焊接问题的实例。

[例 3－1] 摩擦焊是利用焊件表面相互摩擦所产生的热，使端面达到热塑性状态，然后迅速顶锻而完成焊接的一种压焊方法。某工程要用每节 10m 的铸铁管建成一条通道，这些铸铁管要通过摩擦焊接的方法连接起来。但要想使这么大的铁管旋转起来需要建造非常大的机器。应用 ARIZ 解决该问题的主要过程如下：

（1）最小问题：对已有设备不做大的改变而实现铸铁管的摩擦焊接；

（2）系统冲突：管子要旋转以便焊接，管子又不应该旋转以免使用大型设备；

（3）问题模型：改变现有系统中的某个构成要素，在保证不旋转待焊接管子的前提下实现摩擦焊接；

（4）理想解：只旋转管子的接触部分；

（5）物理冲突：管子的整体性限制了只旋转管子的接触部分；

（6）物理冲突的去除及问题的解决对策：用一个短的管子插在两个长管之间，旋转短的管子，同时将管子压在一起直到焊好为止。

应用 ARIZ 对创新问题求解的过程是对问题不断地描述、不断地标准化的过程。TRIZ 认为，一个创新问题解决的困难程度取决于对该问题的描述和问题的标准化程度，描述得越清楚，问题就越容易解决。另外，在应用 ARIZ 来解决实际问题时，注重以系统化的观点分析问题与解决问题，全面应用系统内和系统外的各种资源，力求从系统的角度解决局部的问题，有利于系统整体性能的提高。

3.2.7　需求功能分析

功能分析是指对系统、子系统以及部件从完成功能的角度进行分析，这种分析仅仅从功能的角度，而不会从技术的角度去分析。通常这种功能分析能确定系统、子系统以及部件之间的功能关系，区分出有害和有用功能。通过对系统、子系统以及部件进行功能分析可以确定系统的各个子系统以及部件各自具备的功能，如果发现某些子系统或者部件存在功能缺陷或者具备有害功能，又或者某个子系统或者某个部件承担了过多的有用功能的时候，我们就需要对这些子系统或者部件实施功能裁剪，功能裁剪指的是在保证整个系统功能不缺失同时保证子系统或者部件所有的有用功能都具备的前提下，实施功能的重分配，把多余的子系统或者部件去掉，使得整个系统的功能结构达到最简化，细致深入的功能分析和合理的功能裁剪通常能实现设计中的重要突破、能大幅削减系统成本、能显著降低系统的复杂程度。

在实际应用中，往往是将 TRIZ 多个理论体系结合使用，达到最大效能。实际工作中应用 TRIZ 解决问题大致分为五个步骤：第一步是对给定的问题进行分析；如果发现存在冲突，则应用原理去解决；如果问题明确，但不知道如何解决，则应用效应去解决；然后对待创新的技术系统进行进化过程的预测。之后是评价。最后是实施，该过程可采用传统手工方法实现，也可采用计算机软件辅助实现。TRIZ 解决问题的流程如图 3-40 所示。

（1）分析。分析是 TRIZ 的工具之一，包括产品的功能分析、理想解的确定、可用资源分析和冲突区域的确定。分析是解决问题的一个重要阶段。系统功能分析的目的是从完成功能的角度而不是从技术的角度分析系统、子系统、部件，该过程包括裁剪，即研究每一个功能是否必需，如果必需，系统中的其他

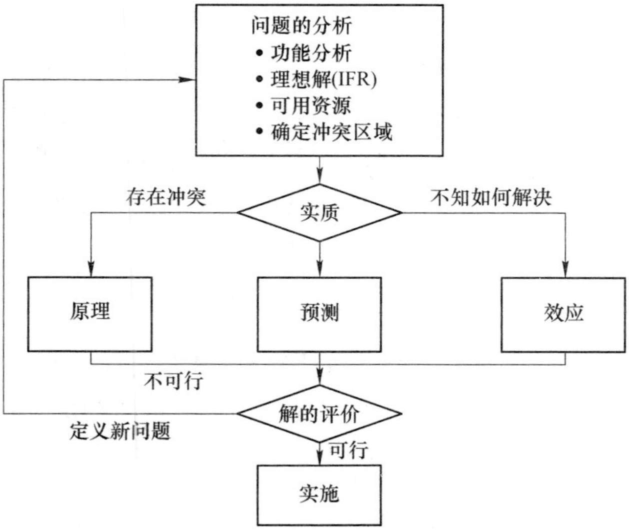

图 3-40 TRIZ 解决问题流程图

元件是否可完成其能。设计中的重要突破、成本或复杂程度的显著降低，往往是功能分析及裁剪的结果。理想解是采用与技术及实现无关的语言对需要创新的原因进行描述，创新的重要进展往往在该阶段对问题深入的理解所取得，确认哪些使系统不能处于理想化的元件是使创新成功的关键。设计过程中从一起点向理想解过渡的过程称为理想化过程。可用资源分析是要确定可用物品、能源、信息、功能等，这些可用资源与系统中的某些元件组合将改善系统的性能。冲突区域的确定是要理解出现冲突的原因，区域既可指时间，又可指空间。假如在分析阶段问题的解已经找到，可以移到实现阶段；假如问题的解还没有找到，而该问题的解需要最大限度的创新。基于知识的三种工具：原理、预测和效应等都可采用。

（2）原理。探索产品的功能和使用原理，挖掘产品的技术冲突和物理冲突，利用 39 通用参数和 40 个发明原理找到折中办法。

（3）预测。利用 8 种技术系统进化的模式，预测系统、子系统及部件的设计应向高一级的方向发展。

（4）效应。效应指应用本领域，特别是其他领域的有关定律解决设计中的问题。如采用数学、化学、生物及电子等领域中的原理，解决机械设计中的创新问题。

（5）评价。该阶段将所求出的解与理想解进行比较，确信所作的改进不仅满足了用户需求，而且推进了产品创新。

3.3　工业工程方法

工业工程（Industrial Engineering，IE）起源于20世纪初的美国，它以现代工业化生产为背景，在发达国家得到了广泛应用。现代工业工程是以大规模工业生产及社会经济系统为研究对象，在制造工程学、管理科学和系统工程学等学科基础上逐步形成和发展起来的一门交叉的工程学科。它是将人、设备、物料、信息和环境等生产系统要素进行优化配置，对工业等生产过程进行系统规划与设计、评价与创新，从而提高工业生产率和社会经济效益专门化的综合技术。

根据美国工业工程师学会（AIIE）对工业工程的定义，工业工程是对人员、物料、设备、能源和信息组成的集成系统进行设计、改善和设置的一门学科。它综合运用数学、物理学和社会科学方面的专门知识和技术，以工程分析和设计的原理与方法，对该系统所取得的成果进行确定、预测和评价。

中国工业工程（CIE）对工业工程的定义是以降低成本、提升产品（或服务）质量、提高生产效率、提高生产（或服务）系统柔性和安全性等管理问题为导向，综合运用多种专业的工程技术和系统分析方法对人员、物料、设备、能源和信息所组成的集成系统进行设计、配置、控制、评价和改善，并对该系统取得的成果进行鉴定、预测和优化的技术，是将科学技术转化为生产力的独特技术。它从生产系统应用中产生，但可以广泛而有效地应用于多种产业部门。工业工程是一门工程技术与管理技术相结合的综合性工程学科。

我国工业工程起步较晚，早期作为一门新兴学科并未被广大企业所重视，而我国多数企业技术落后，管理更加落后，由此造成的资源浪费极其严重，劳动生产率与发达国家有较大差距。但IE技术是着眼于现有生产系统，改善操作，不断探索减少现有企业资源利用率的有效途径。现在，一系列的系统工程原理和方法运用于工业工程，完善了工业工程的理论基础和分析方法。特别是系统分析、信息系统、决策理论、控制理论等武装了工业工程后，使其应用范围从微观到宏观，从制造业到其他行业得到了大范围扩展。工业工程在不断的实践和发展中也形成了具有种特色的工业工程理念，在我国成为世界制造工厂的趋势下，制造系统也日趋系统化、复杂化和集成化。在此环境下，集工程背景与管理技术与一身的工业工程将迎来新的挑战。

工业工程的目标是设计一个生产系统及该系统的控制方法，使之成本最低，具有特定的质量水平，并且这种生产必须是在保证工人和最终用户的健康和安全的条件下进行。具有三个特点：（1）以人为中心进行设计，注重人的因素；（2）面向微观管理：关注减少浪费，降低成本；（3）重于方法的改善：在保证质量的前提上，以提高效率为目的。工业工程是以改善效率、成本、品质的科学方法，是对人、物料、设备、能源和信息进行规划、设计、管理的一种创新活动。工作研究是工业工程的经典内容。工作研究是指运用系统分析的方法，在现有设备条件下，详尽地分析某一特定的过程、作业或操作，排除其中不合理、不经济、混乱的因素，寻求更好、更经济、更简捷的工作方法。随之，建立设备、操作方法和工作环境标准，准确地规定按正常速度完成工作所需的时间，训练工作人员掌握标准工作方法。工作研究的基本目标是消除时间、人力、物力、资金等方面的消费，提高生产和工作效率。工作研究的基本技术是方法研究与时间研究。工作研究中的方法研究和时间研究是相互关联的，方法研究是时间研究的基础、制定二作标准的前提，而时间研究又是选择和比较工作方法的依据。方法研究主要通过分析现行工作的操作过程和动作，从中发现不合理的操作过程或动作，并加以改善。时间研究的主要内容是进行工作测定和工作标准设定。随着工作研究不断创新，引入计算机辅助方法国外各工作研究相关的软件企业和机构也纷纷崛起，研制开发了一批方法研究和作业测定的应用软件，包括程序分析、操作分析、作业分析三部分。

程序分析是依照工作流程，全程全面地分析有无多余、重复、不合理的作业，程序是否合理，搬运是否过多，延迟等待是否太长等问题，通过对整个工作过程的逐步分析，改进现行的作业方法及空间布置，提高生产效率。也可以说，程序分析是通过调查分析现行工作流程，改进流程中不经济、不均衡、不合理的现象，提高工作效率的一种研究方法。

程序分析的主要目的是：（1）取消不必要的程序；（2）合并一些过于细分或重复的工作；（3）改变部分操作程序，以避免重复；（4）调整布局，以节省搬运；（5）重排和简化剩余的程序，重新组织一个效率内更高的程序。

程序分析的工作流程一般由加工、检查、搬运、等待和储存五种活动构成。为了能方便、迅速、正确地表示工作流程，便于分析研究，美国机械工程师学会规定了用表 3-6 所示的 5 种符号分别表示这 5 种活动。

表 3-6 程序分析的常用符号

符号	名称	表示的意义
○	加工	指原材料、零件或半成品按照生产目的承受物理、化学、形态、颜色等的变化
□	检查	对原材料、零件、半成品、成品的特性和数量进行测量。或者说将某目的物与标准物进行对比，并判断是否合格的过程
→	搬运	表示工人、物料或设备从一处向另一处在物理位置上的移动过程
D	等待或暂存	指在生产过程中出现的不必要的时间耽误
∇	储存	为了控制目的而保存货物的活动

有些工序分析的内容仅用五种基本工序符号无法表达，为此，又派生出一些应用图示符号，如表 3-7 所示。

表 3-7　流程图派生的复合活动符号

符号	表 示 的 意 义
	表示统一时间或统一工作场所由同一人同时执行加工与检查工作
	以质量检查为主，同时也进行数量检查
	以数量检查为主，同时也检查质量
	以加工为主，同时也进行数量检查
	以加工为主，同时也进行搬运

操作分析是人机操作分析，是研究在一个工人操作一台或者多台设备的情况下，在一个操作周期内，机器动作与工人操作的相互关系，以充分提高机器与工人工时的利用效率。研究分析以人为主体的工序，使操作者、操作对象、操作工具三者科学地组织、合理的布局和安排，以减轻工人的劳动强度，减少作业时间的消耗，使工作质量得到保证。具体应用人机操作分析的时候遵循如下的步骤：

（1）在生产现场选择加工（装配）工序作为分析对象。

（2）绘制人机操作程序图。

（3）人与机器的操作时间均记录在案之后，将工人与机器的操作时间、空闲时间，周程工时数加以统计，以供分析时用，表 3-8 为参考的分析模板。

表 3-8　操作分析模板

XXX 工位　人－机作业分析		编号	XXX
记录者	日期		
序号	操作者作业	时间刻度	工装设备作业
1			
2			
3			
4			
5			
以下进入下一周期循环			
6		……	
周期时间		0	
人的作业时间		操作员工作负荷	
工装设备作业时间		工装设备工作负荷	

作业分析顾名思义就是对人的工作进行分析改进。而要对人进行改善必定涉

及人因工程。

作业分析研究一方面是进行动作分析研究，对工作时的动作进行剖析，除去不必要的动作，减轻劳动强度，使操作简便有效，从而制定出最佳的动作程序。程序分析是从大处着眼，根据程序图分析生产过程的种种浪费，从而合理安排程序中去寻求提高工作效率的方法。而动作研究则是在程序决定后，研究人体各种操作动作之浪费，以寻求省力、省时、安全的最经济的方法。

动作分析的目的：（1）找出动作上的问题点，降低作业疲劳，提高作业效率。（2）设定最佳动作的顺序、方法以及谋求身体相关部分同时作业。（3）设定最适合动作的夹具以及动作范围内的最佳布局。（4）改善动作的顺序和方法，可以决定最佳标准作业时间。（5）用符号、图标记录动作之后，对动作顺序的说明变得容易进行。（6）可以将动作细分处理，并判定良好与否，有助于提高作业人员的动作意识。

动作分析常用动素分析法。动素分析法是通过观察手、足动作和眼、头活动，把动作的顺序和方法与两手、眼的活动联系起来详尽地进行分析，用动素记号记录和分类，找出动作顺序和方法存在的问题，单手等待以及不合理动作、浪费的动作等问题并加以改进的一种分析方法。它由18个基本动作构成，对每个动作应深入和细致地掌握其定义、分析要点和改善方法，用18个动素符号记录双手动作内容，绘制出动素图，最终达到将工作中所用的各个动素逐项分析和改进的目的。

吉尔布雷斯将以手、眼活动为中心的基本动作总结为18种，并取名为动素。动素的分类及其符号：18种动素可分为3类，如图3-41所示。

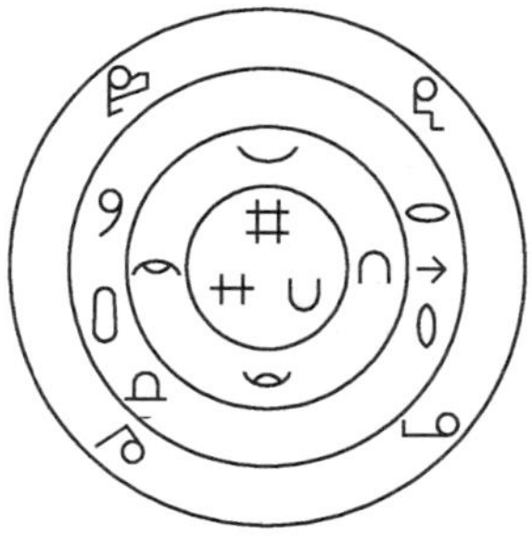

图3-41　动素的组成

第一类为有效动素，共9种，分析、改善的重点是如何缩短其持续时间。

（1）伸手；（2）握取；（3）移物；（4）定位；（5）装配；（6）拆卸；（7）使用；（8）放开；（9）检查。

第二类为辅助动素，共5种，除了非用不可者外，应尽量取消此类动素。

（10）寻找；（11）发现；（12）选择；（13）思考；（14）预置。

第三类为辅助动素，共4种，此类动素不进行任何工作，是一定要设法取消的动素。

（15）拿住；（16）不可避免的延迟；（17）可以避免的延迟；（18）休息。

作业分析另一方面是进行时间测定研究，用以节省时间。时间测定研究又叫秒表时间研究，是一种作业测定技术，旨在决定一位合格适当训练有素的操作者，在标准状态下，对一特定的工作以正常速度操作所需要的时间。

时间研究的主要技术包括：(1) 决定工作时间标准，并用以控制人工成本。(2) 制定标准时间作为资金制度的依据。(3) 决定工作日程及工作计划。(4) 决定标准成本，并作为标准预算的依据。(5) 在生产前先计算时间成本，用以帮助解决生产线的平衡。

(1) 时间研究的主要技术包括：秒表计时研究：即用计时装置或用电影、录像实测作业中各动作元素所用的时间，根据测量数据计算该项工作所需的标准时间。

(2) 工作取样：即按随机的时距对作业者进行观察，记录各种特殊作业或空闲的次数，计算其占全部观察次数的百分比，以这个百分比来表示整个工作时间中该项作业或空闲时间所占的百分比，进而计算出该项工作的标准时间。

(3) 预定时间系统：即做各种作业动作所需的时间，将作业活动分解为基本动作，并确定每个动作所需的标准时间。

(4) 标准数据系统：即更大工作单元的作业时间数据库，这些工作单元是一些基本作业动作的组块，并与特定的机器或作业相联系。用标准数据系统计算工作的标准时间比预定时间系统使用起来更方便。

随着工业系统日益复杂，为要更精确、更科学地进行研究，现代工业工程以运筹学和系统工程作为理论基础，以计算机作为先进手段，对研究对象的活动运用系统科学的方法进行建模，将仿真建模与工业工程结合引入生产研究中，形成了工业流程仿真，有效减少迭代周期，提高研究生产效率。

3.4　多方法融合

3.4.1　需求分析

目前，仿真方法已经成为对复杂系统体系进行论证、规划、评价的主要方法。通过仿真，可有效降低论证和实验成本，提高对复杂系统的论证水平，提高对复杂系统的开发效率。但是，由于复杂系统的结构和功能的多样性，仿真方法在运用于复杂系统研究中，还存在着系统需求难以理清、模型构建周期较长等难题。主要表现在：

(1) 在系统的需求分析环节，研发人员基于已有的研发经验和专业知识，在构思新产品需求时，受限于自身的思维定势，所搜集的需求难以突破固有模式；采集到的需求本质之间时常内部存在矛盾，传统的需求分析模式难以从若干相互矛盾的需求之中找到真正的解决方案。

(2) 在仿真模型构建环节，由于复杂系统结构庞杂，子系统、分系统、单体设备较多，仿真模型构建和仿真流程设计需要较多时间和资源。一般来说，用户需要先建立一个初步的仿真流程后才能进行仿真推演。在仿真推演中，如果发现仿真流程设计不合理，就需要重新设计新的仿真流程、部署仿真平台、进行仿真推演。这种方式会增加很多时间和经济成本。

为解决以上问题，需对当前系统仿真方法中的需求采集分析、仿真流程构建进行优化设计。通过分析当前相关技术发展现状，本书将 TRIZ 创新方法、工业工程创新方法融入到当前的仿真方法中，解决现阶段复杂系统仿真存在的困难。

3.4.1.1 系统仿真方法

本书作者前期对仿真方法已经形成了一套完整的方法论，研制的“装备论证与设计一体化仿真支撑平台（即普惠环）”是国内唯一拥有自主知识产权的一体化仿真平台。

普惠环覆盖了复杂系统仿真全生命周期的所有活动：需求采集－体系建模－可视化演示－仿真测试－效能评估—资源管理等 6 个环节。普惠环基于需求驱动、体系结构主导、模型支撑和持续验证的现代工程思想，通过资源管理和共享机制，把需求采集与管理工具、体系建模工具、想定预演工具、仿真/测试工具、分析评估工具等有机地整合为武器装备论证与设计一体化仿真支撑平台，形成一个集实用性、科学性、经济性于一体的创新方法环和工具集。

3.4.1.2 TRIZ 方法

TRIZ 理论给复杂系统创新提供了丰富的解决思路。复杂系统的设计、开发过程就是一个不断分析技术问题、解决技术矛盾的过程。TRIZ 方法几乎穷举了各种技术矛盾的主要解决方法，可针对具体产品的技术问题情境进行系统的分析，快速发现问题本质，准确定义创新性问题和矛盾，并对创新性问题或者矛盾提供更合理的解决方案和更好的创意，为技术难题的解决提供了思路和方法。TRIZ 解决技术矛盾的模式见图 3-42。

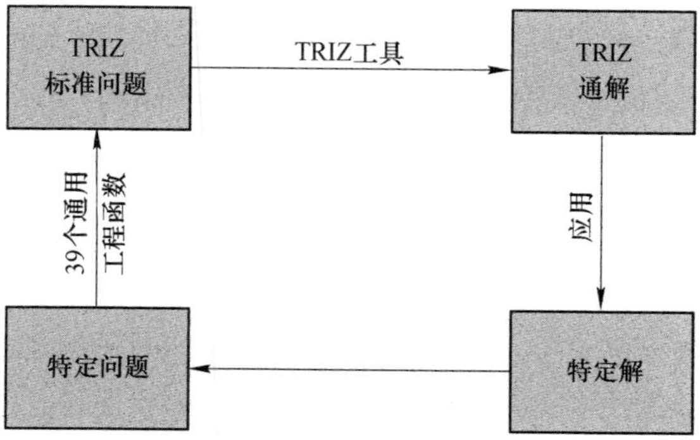

图 3-42 TRIZ 解决技术矛盾的模式

TRIZ 矛盾分析理论在解决技术冲突的步骤如下：首先对设计系统的关键子系统以及各种辅助功能予以明确；对设计系统的操作进行描述；对设计系统应改善的特性以及应该消除的特性进行明确；按标准的各个工程参数对将涉及的参数进行重新描述；明确如果某一工程参数要得到改善将导致哪些参数恶化，即对技术冲突进行描述。然后，明确假如降低参数恶化的程度，要改善参数将被削弱或另一恶化参数被加强，即对技术冲突进行另一种描述。最后，对冲突双方在冲突矩阵中相应的矩阵元素进行确定；通过以上元素对可用发明原理进行确定；将所确定的原理实践到产品设计人员碰到的问题中；对确定的原理进行评价，并完善设计。

由此可见，TRIZ 是对解决系统需求内部可能存在的冲突、矛盾，实现系统整体最优化的一种解决方法。

3.4.1.3　工业工程方法

现代工业工程是以大规模工业生产及社会经济系统为研究对象，在制造工程学、管理科学和系统工程学等学科基础上逐步形成和发展起来的一门交叉的工程学科。它是将人、设备、物料、信息和环境等生产系统要素进行优化配置，对工业等生产过程进行系统规划与设计、评价与创新，从而提高工业生产率和社会经济效益专门化的综合技术。

工业工程的特点是强调“系统观念”，重视研究对象的“统筹规划、整体优化和综合原理”。首先对研究对象的活动（作业流程）运用系统科学的方法进行建模，然后运用运筹学（数学方法、统计方法、模拟方法）的方法对模型加以研究，以便最大限度地发挥有限资源达到总体最优的目标。简而言之，就是对人员、物料、设备、能源和信息做最有效的组合，以达到低成本、高效益的目的。

由此可见，工业工程方法可解决仿真系统构建中，需要多次构建和运行仿真模型和仿真流程，导致时间和资源消耗过多的问题。

3.4.2　多方法融合

根据上面的分析，通过将多种技术创新方法进行融合，将 TRIZ 和工业工程方法融入到仿真平台中，能有效减少技术创新过程中的风险、提高创新的效率。

3.4.2.1　仿真和 TRIZ 的融合方法

TRIZ 方法主要对“普惠环”中的“需求采集和管理工具”进行功能扩展。

A　需求采集和管理工具

在仿真需求采集阶段，“普惠环”中需求采集与管理工具可以对用户需求进行定义、采集和管理，形成条目化的需求存储在数据库中，供体系建模工具在进行体系结构建模时直接调用。

需求采集和管理工具主要由模板管理、需求采集、需求管理三个功能模块组成。其构成及具体使用流程如图 3-43 所示。

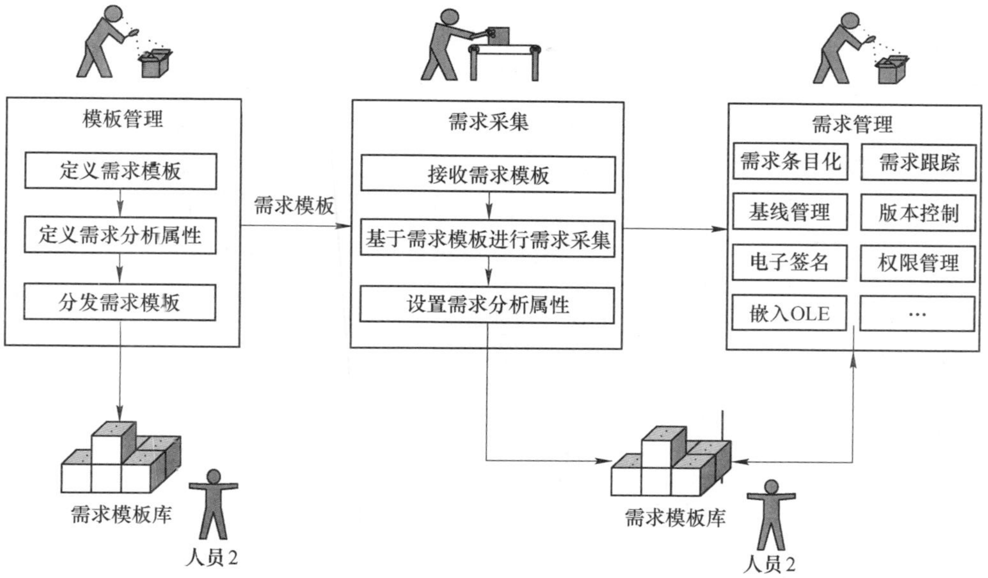

图 3-43 需求采集和管理工具组成

模板管理提供用户自定义的各种需求模板，根据需要可以生成 Word 和 DOORS 格式的模板，主要完成新建模板定义、生成模板、管理模板定义文件、管理公共属性等功能。

需求采集工具主要是利用需求模板进行需求采集。包括管理项目文档，编辑需求文档、关联需求条目、追踪文档、需求导入导出等功能。

需求管理工具提供需求条目化、需求跟踪、版本控制、权限管理、电子签名等功能。

需求管理系统虽然能够解决需求采集的规范性、一致性问题，但是却不能对需求矛盾和合理性进行有效分析并提出改进建议。在需求采集过程中，不同部门对产品的特点和功能期望往往会存在矛盾。技术部门希望能根据现有技术积累进行改进开发，生产部门希望产品便于组装和现场安装，销售部门希望产品独特又不脱离主流市场，这些需求内容复杂多样，且内在存在一定矛盾。同时，不同的用户对系统提出的需求也会千差万别，需求之间也会存在大量矛盾。有时，同一用户提出的不同类型需求本质也会存在矛盾。因此需要对采集得到的需求进行分析处理，提炼出最本质和整体最优的需求。

B　采用 TRIZ 的思路

通过采用 TRIZ 的矛盾分析方法，可实现需求内在矛盾性的分析与优化，找出本质需求和系统的最佳实现方案。

TRIZ 与仿真方法相融合，就是将采集到的原始需求进行有效的需求可行性分析，并对需求中存在的各项矛盾用 TRIZ 理论进行分析，指导用户对需求进行进一步的完善和改进。加入 TRIZ 分析后的具体解决方案如图 3-44 所示。

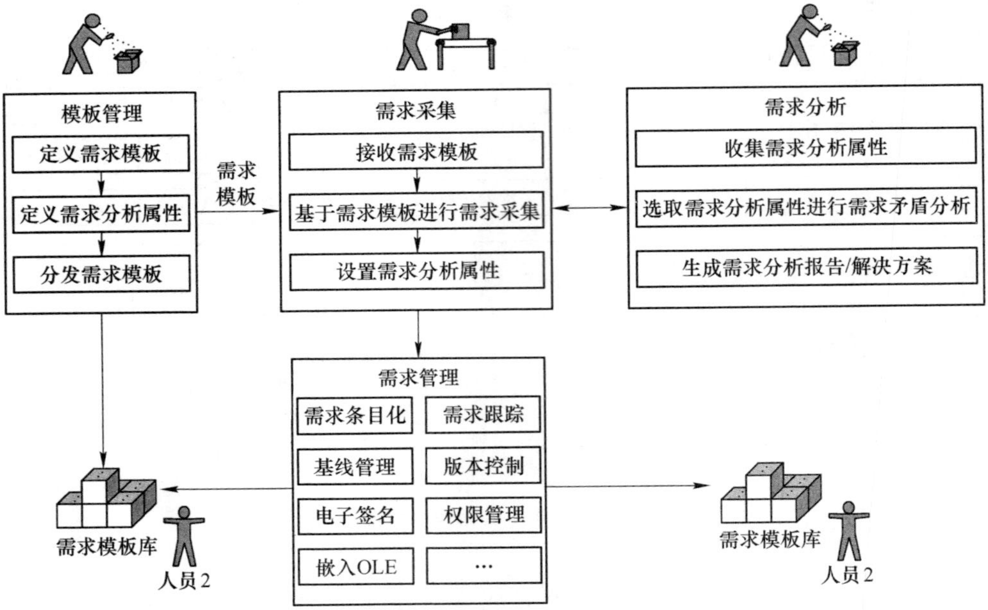

图 3-44　需求管理工具解决方案

采集到的软件需求，导入到 TRIZ“需求分析”工具中进行分析，生成分析报告或矛盾解决方案。需求采集人员根据提供的矛盾解决方案对需求进行完善。这个过程迭代进行，直到所有矛盾得到解决，系统需求整体最优化。

C　软件实现介绍

a　定义需求模板

定义需求模板主要是对不同类型的需求定义相应的需求描述模板，以规范需求的描述，需求模板可以按照不同标准来进行类型划分，如按层次划分：作战能力需求、装备发展需求、技术需求、系统需求；按阶段划分：总体需求、分总体需求、分系统需求、子系统需求、部件需求；按系统划分：硬件系统、软件系统等，如图 3-45 所示。

b　定义需求分析属性

根据创新方法中定义的 39 种需求矛盾参数定义需求模板中需求分析属性相关的枚举属性值，如图 3-46 所示。

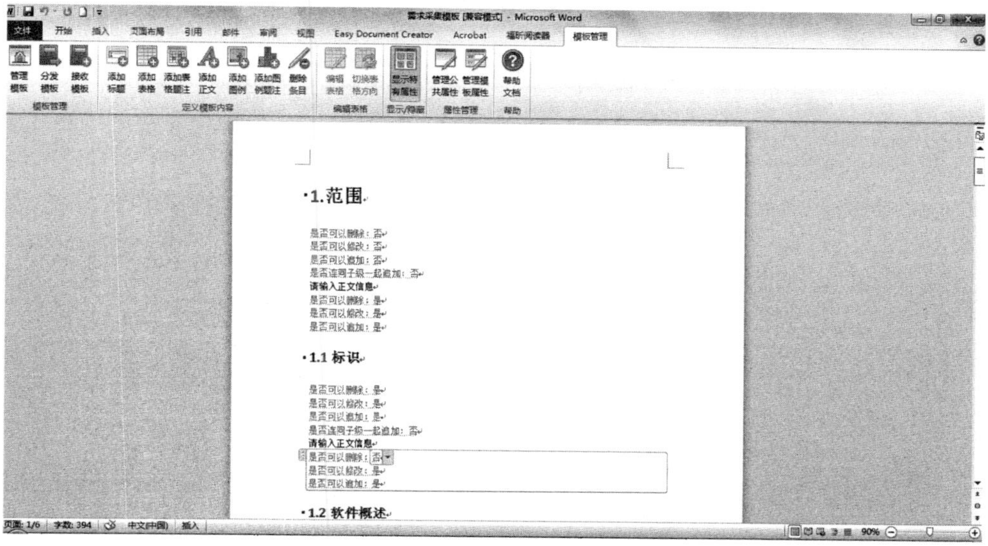

图 3-45 定义需求模板界面

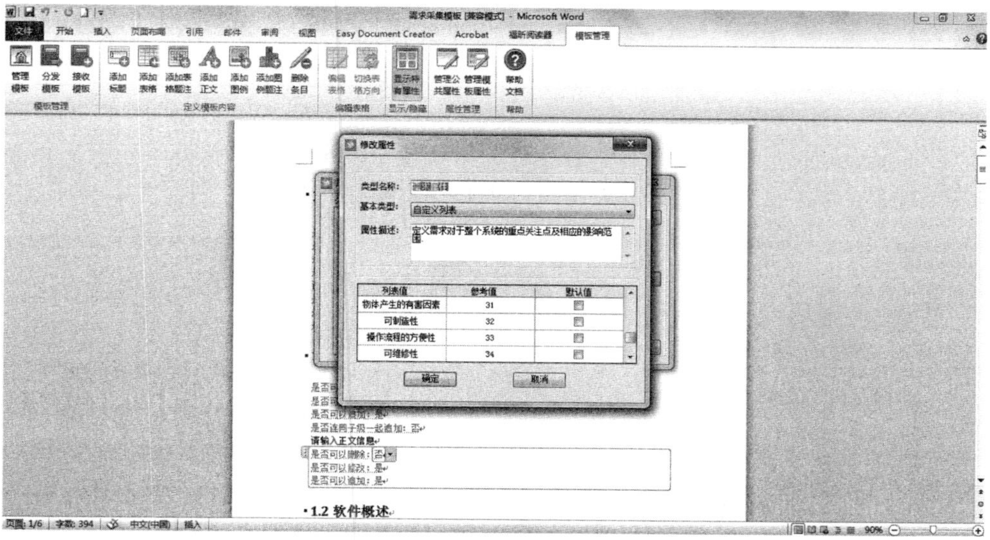

图 3-46 定义需求分析属性界面

需求模板中定义的需求分析属性会在需求采集过程中与每一个需求采集条目相关联，需求采集人员可以在进行需求采集的过程中对相应需求条目的需求分析属性进行设置，为下一步的需求分析做准备。

c 分发需求模板

将已经完成的包含需求分析属性的需求模板打包成资源包的形式下发给需求

采集的各部门和用户，需求采集部门和用户接收到需求模板后便可以基于此需求模板进行相关的需求采集及需求分析工作，如图 3-47 所示。

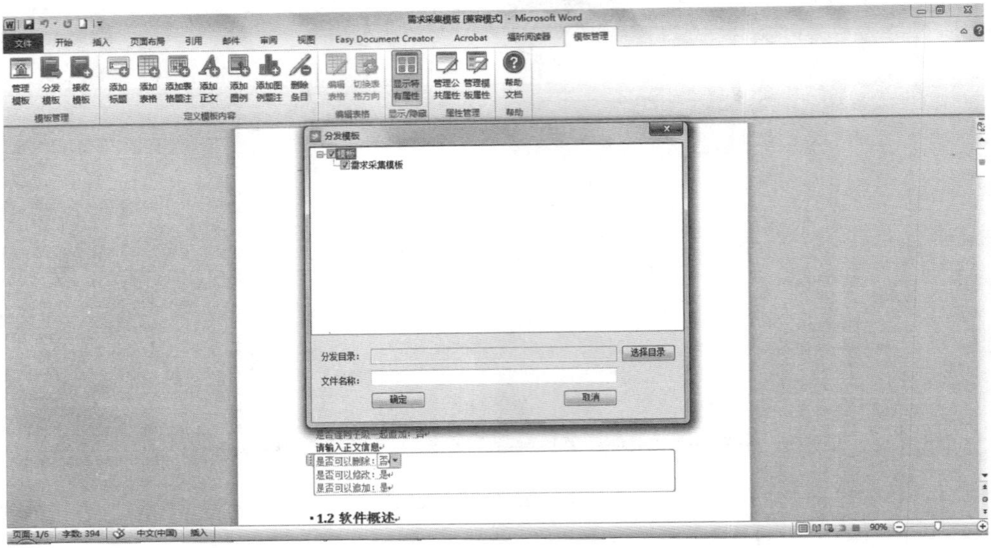

图 3-47　分发需求模板界面

d　基于需求模板进行需求采集

需求采集人员在接收到下发的需求采集模板后便可以基于此需求模板进行相应的需求采集工作并对各个需求条目设置相应的需求分析属性，如图 3-48 所示。

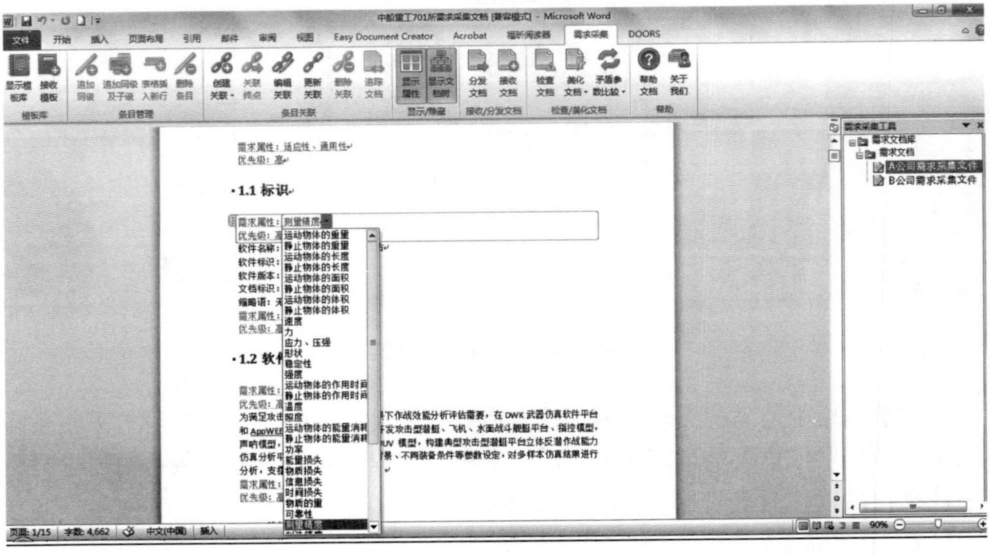

图 3-48　需求采集界面

e　进行需求分析

需求采集结束后，需求采集人员能够基于在需求采集过程中设置的相应需求分析属性进行相关的需求矛盾分析工作，分析哪些参数改变会利于某一结构功能的提升或加强，改善这个参数的同时是否会对其他一个或多个结构功能产生不利影响，明确相互矛盾的两个工程参数。进行矛盾矩阵分析，找到平衡点，让相互矛盾的两个通用工程参数不再相互制约，能同时改善，实现“双赢”，从而推动产品性能向提高理想度方向发展。

对同一份需求文档而言，不同条目之间可能会存在矛盾。如图 3-49 所示，软件概述条目下要求软件可制造性高，而总体流程图条目下要求系统复杂性低，软件的可制造性与系统复杂性之间存在矛盾。

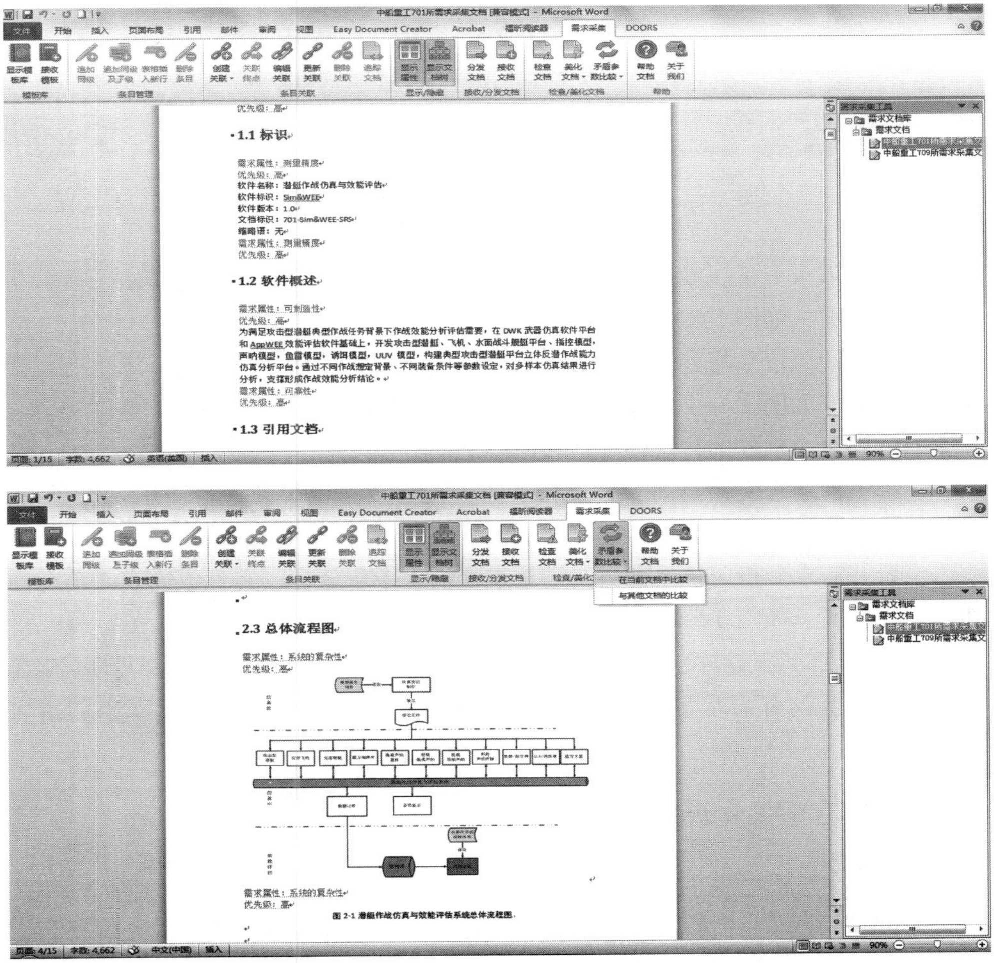

图 3-49　需求分析界面

然后选择相关需求分析属性进行需求矛盾分析，如图 3-50 所示。

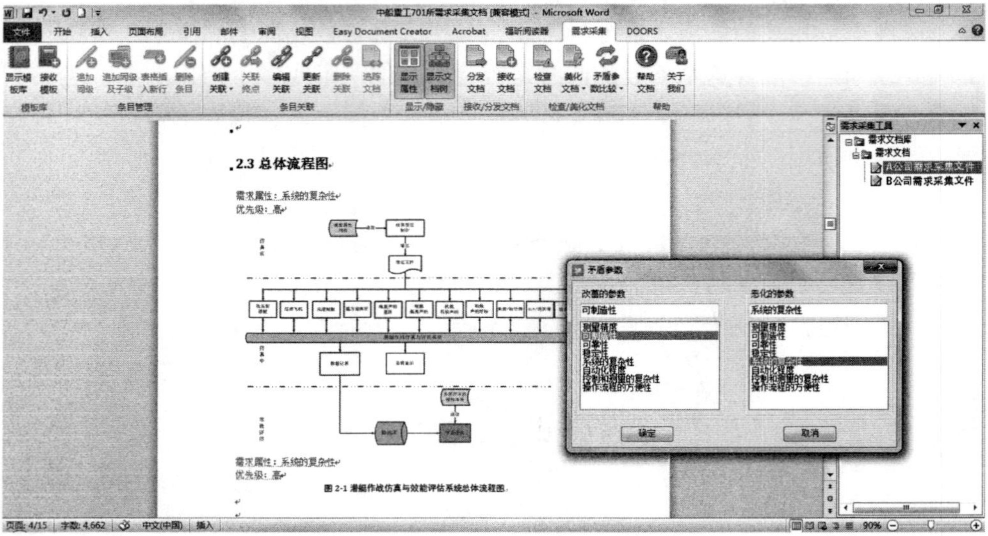

图 3-50　需求矛盾分析界面

设置好需求分析属性后即可对需求进行需求矛盾分析，并形成需求矛盾分析冲突解决方案，如图 3-51 所示。

对从不同单位采集到的需求，不同需求文档同一个条目之间的需求也有可能会存在矛盾。如图 3-52 所示，A 单位希望软件功能稳定性高，而 B 单位希望软件运行时间短。软件的稳定性与运行时间之间存在矛盾。

选择不同需求文档之间同一条目下的相关需求分析属性进行需求矛盾分析，如图 3-53 所示。

设置好需求分析属性后即可对需求进行需求矛盾分析，并形成需求矛盾分析冲突解决方案，如图 3-54 所示。

根据生成的需求冲突解决方案，需求采集人员进行分析并修改相应的需求采集文档，直至没有需求冲突后即可将需求提交需求管理工具进行需求的管理工作。

3.4.2.2　仿真方法和工业工程的融合

A　体系结构建模工具

AppAMS 是“普惠环”中的体系建构建模工具。AppAMS 在现代系统工程方法和企业体系结构框架标准的指导下，采用基于活动的建模方法，引导用户开发体系结构模型。

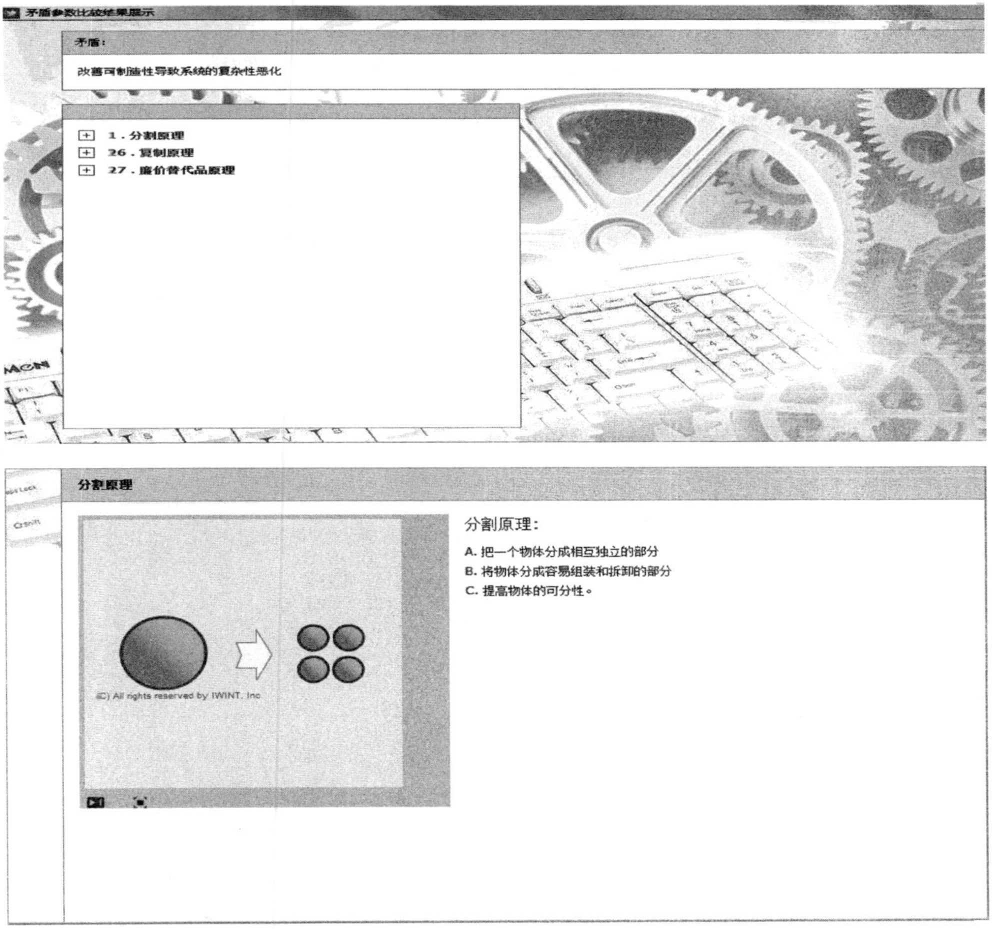

图 3-51　需求矛盾分析冲突解决方案界面

AppAMS 支持 DoDAF 企业架构框架和 IDEF、UML、BPMN 等多种建模语言，以基于 IDEF 的结构化分析为主，兼顾业务流程建模（BPM）、UML 建模、数据建模等多种建模方法，是开发复杂大系统的有力支撑工具。AppAMS 应用于装备论证与研制过程中的总体论证、总体需求分析、总体设计、分系统需求分析、系统综合集成等阶段，能与装备描述数据库、需求管理工具、作战想定编辑、想定验证工具等进行深度集成。AppAMS 组成如图 3-55 所示。

其中，DoDAF 中具体包含内容有：

图 3-56 中，OV-6a 作战规则模型图和 OV－5 作战活动模型图，就是用来定义作战行动中的作业流程的。这两类图可以在 AM 中导出形成作战想定，并进一步实施仿真。

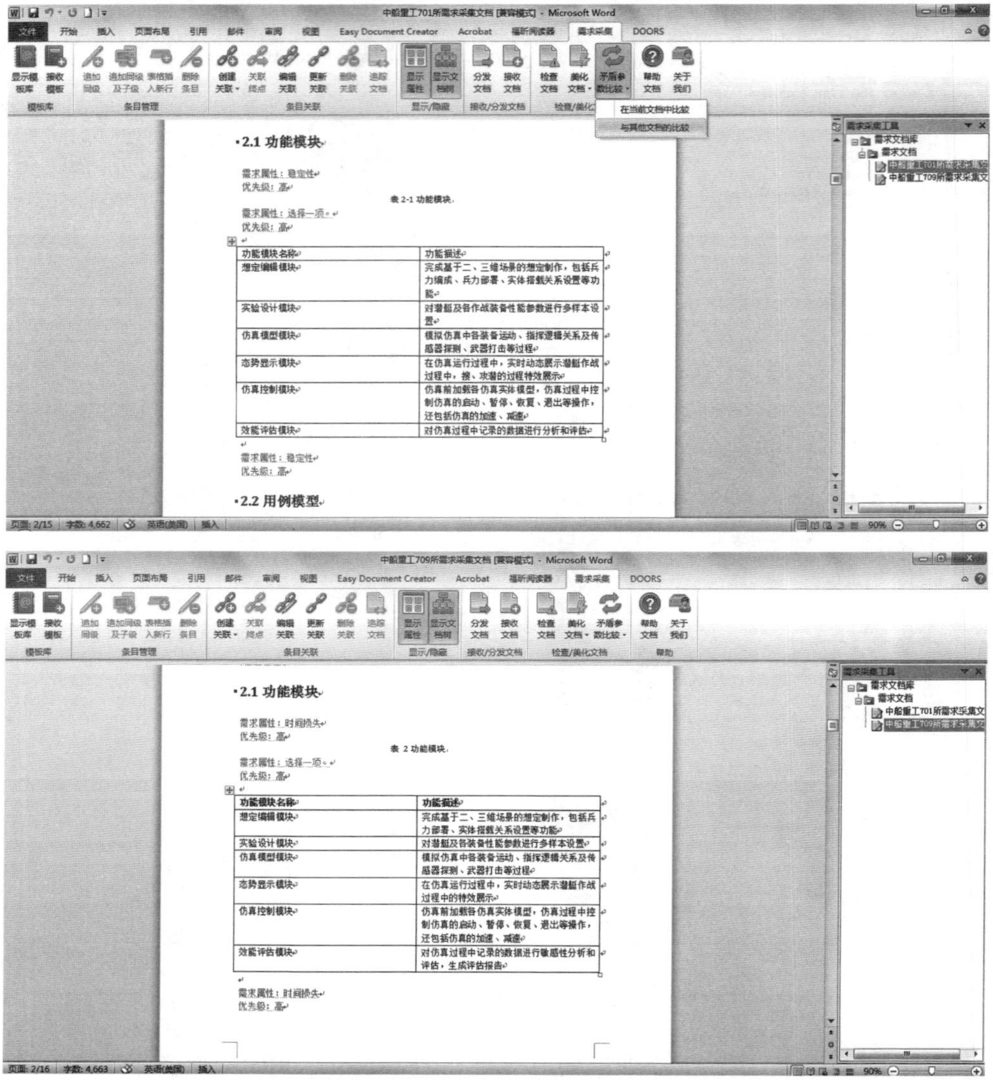

图 3-52　需求分析界面（一）

仿真环中系统仿真建模的时间成本很高，仿真运行也很耗时，系统设计中的问题往往在仿真运行完才被发现，重新修正问题后再运行仿真，迭代周期很长。而系统复杂度提升导致研发的周期更长，因此需要在仿真前寻找有效手段提前发现系统设计问题并及时解决，从而缩短迭代路径，减少在仿真中的迭代次数。

B　采用工业工程方法的思路

工业工程方法中的作业流程仿真就是通过流程分析工具实现的流程模拟运行过程，通过在呈现的流程图中赋予流程要素各种数据，让流程数据按照流程图的方式和逻辑进行模拟现实的运行，然后得出相应的图表报告，可以根据这些报告分析流程的优劣、比较不同方案的差异、测试流程和预期结果的差异。

该思想可以运用于 AM 中，对 AM 中的 OV-6a 作战规则模型图和 OV-5 作战活动模型图，可用工业工程方法提前进行流程分析，得到最优流程后再进入下一步仿真，这样可以大大节约时间和资金成本。

C　工业工程方法和 ArchModeler 的接口

ArchModeler 将 DoDAF 模型中的流程图（OV-6A 图）导入到工业工程方法中，工业工程方法进行模拟仿真，判断流程的优劣，并给出的分析报告。

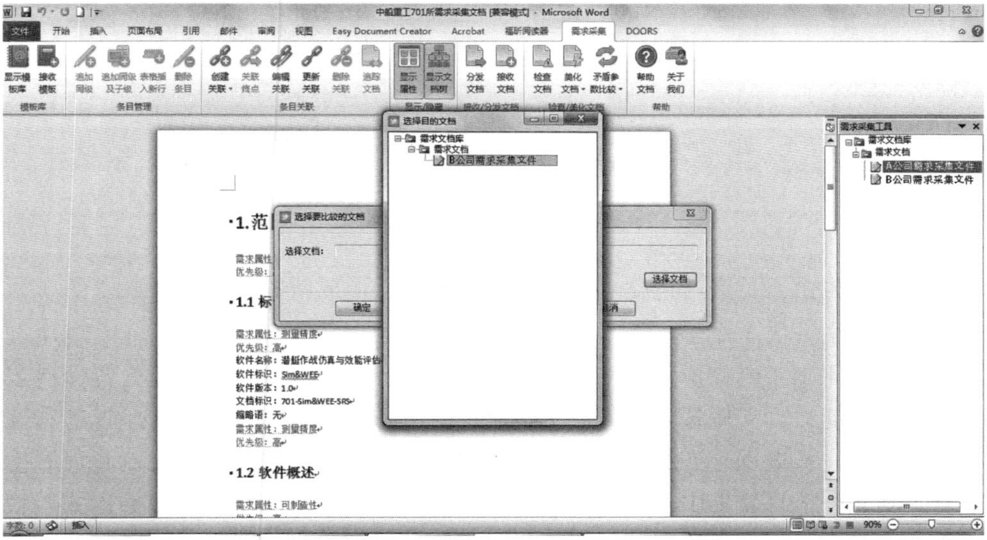

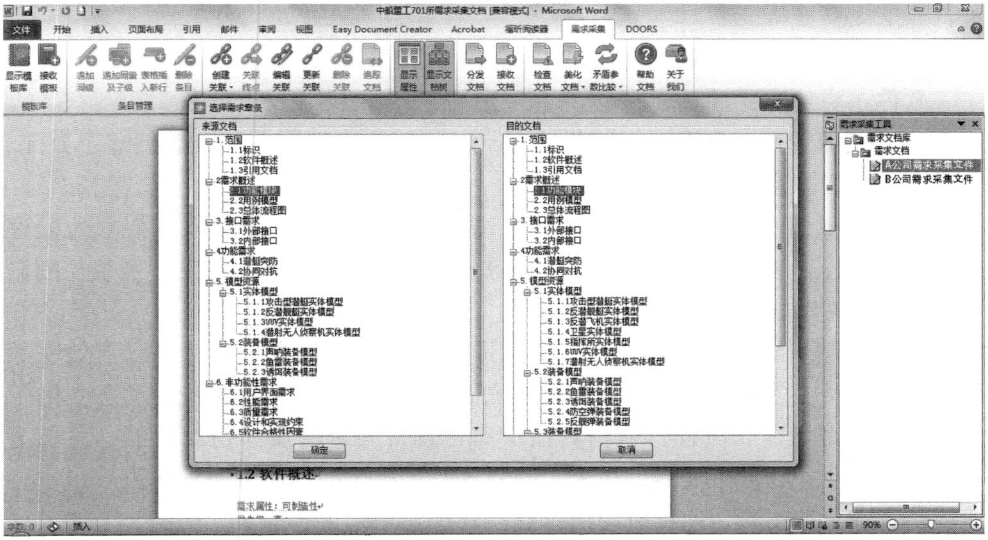

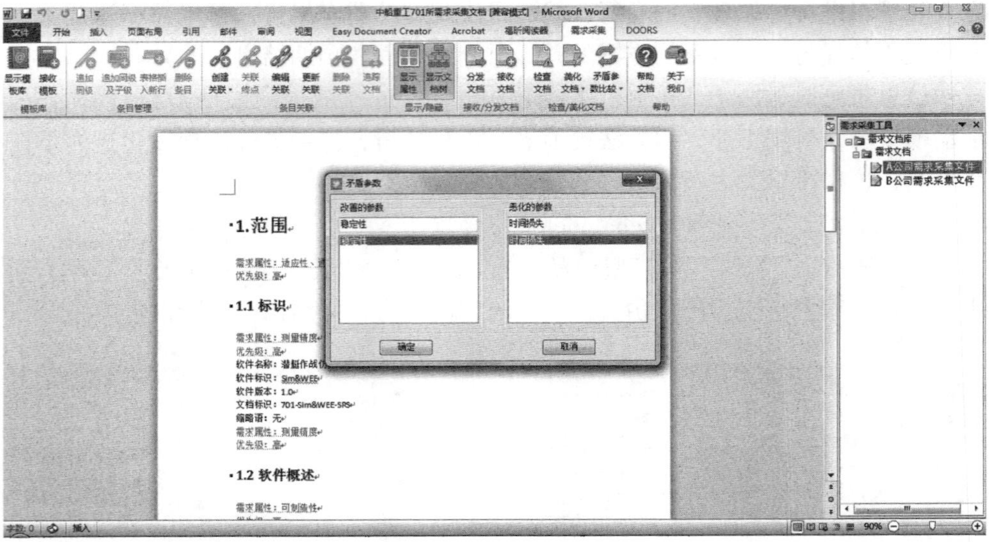

图 3-53　需求矛盾分析界面（二）

分析报告由人员进行优化，对流程进行调整，形成新的 OV-6a 图。

D　软件实现介绍

本项目研制了流程仿真软件。该软件具有混合仿真引擎，具备建立各种混合仿真模型的能力，支持各类业务逻辑和流程的仿真验证。同时，软件还具备和外部信息系统进行数据交换的能力，AM 产生的 OV-6a 图可通过数据接口和程序接口进入到流程仿真软件中，流程仿真软件可自动动态建立流程仿真模型，并产生流程仿真结果。本软件还支持人机互动，可以由业务人员建立个性化仿真模型，进行深度交互分析。

流程仿真软件内部组成及对外关系如图 3-57 所示。

软件主要功能：

（1）资源管理：实现高级资源管理，对复杂流程环境下的资源创造、分配、共享、释放、冲突等进行协调和处理。

（2）离散仿真模块库：具备先进的离散事件仿真机制，可以有效率地处理各种离散流程环境中业务规则表达、资源占用和释放、多事件并发、复杂规则嵌入、复杂流转路径等多种复杂仿真元素。

（3）连续系统仿真模块库：具备先进的连续时间仿真机制，可以有效率地处理固定步长、多并发环境下的连续系统仿真中的信息流和决策流的动态变化。

（4）离散流速、流程行业仿真模块库：具备先进的流体仿真机制，可以有效率地处理业务场景中液体、粉末、碎屑等基于流速的物质形态的仿真。可以将流体仿真和离散仿真、连续时间仿真混合处理。

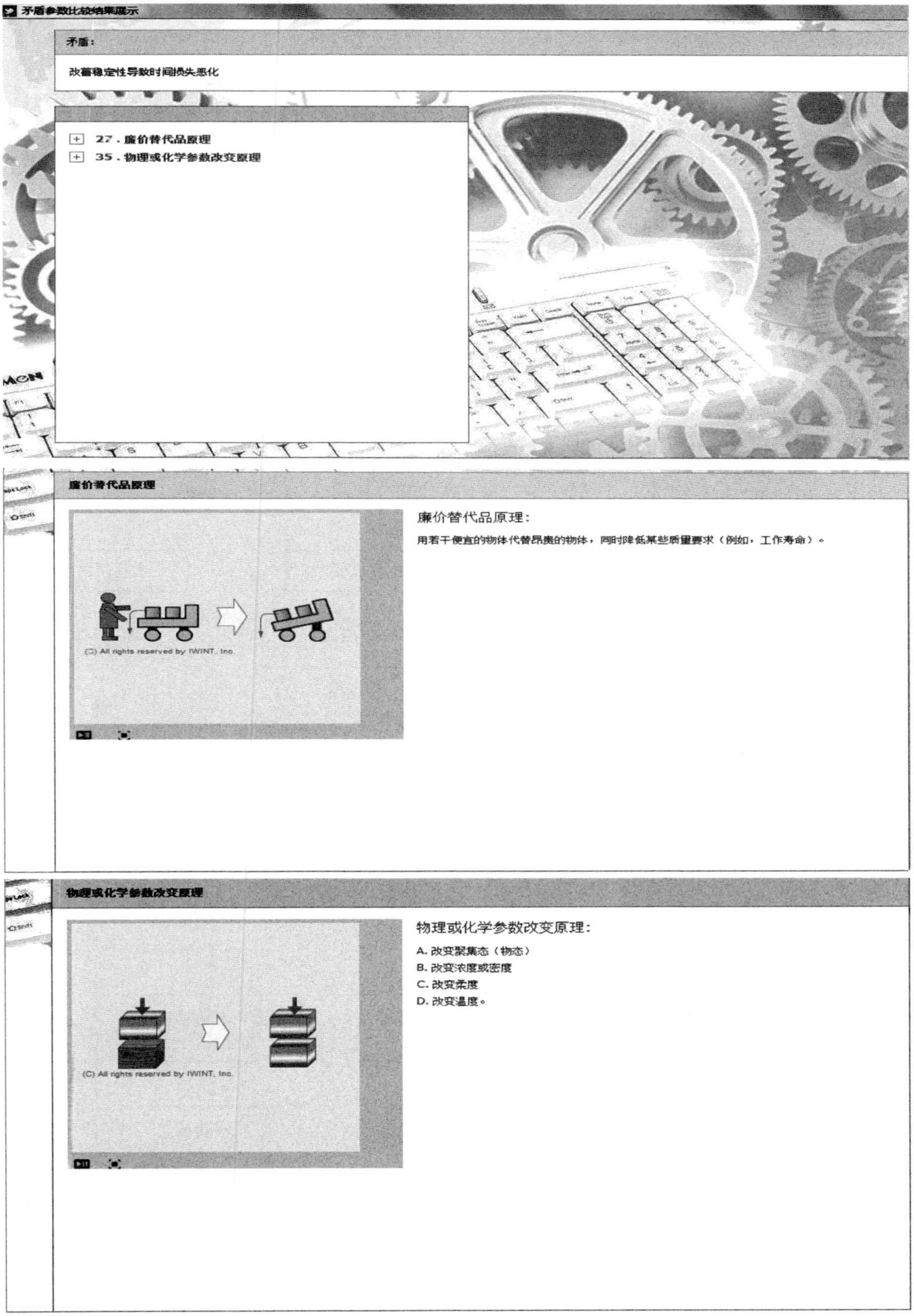

图 3-54　需求矛盾分析冲突解决方案界面

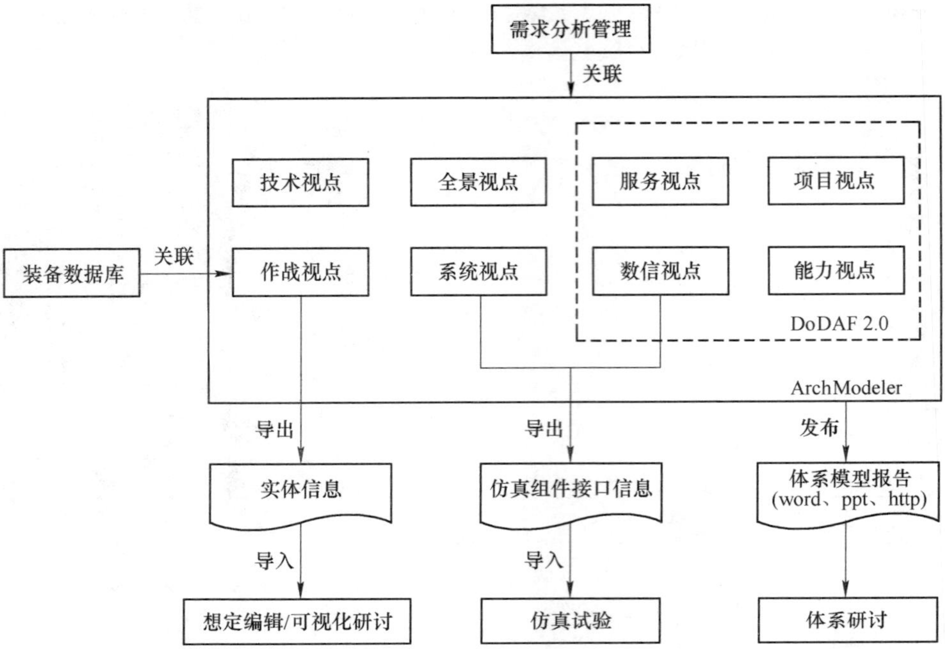

图 3-55　AppAMS 组成图

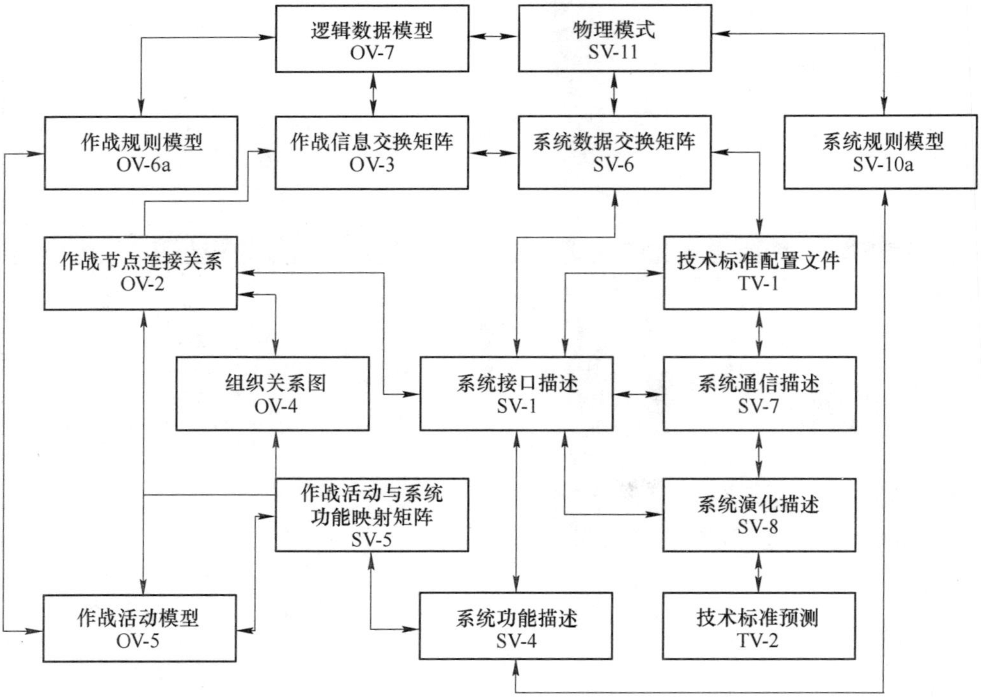

图 3-56　DoDAF 组成图

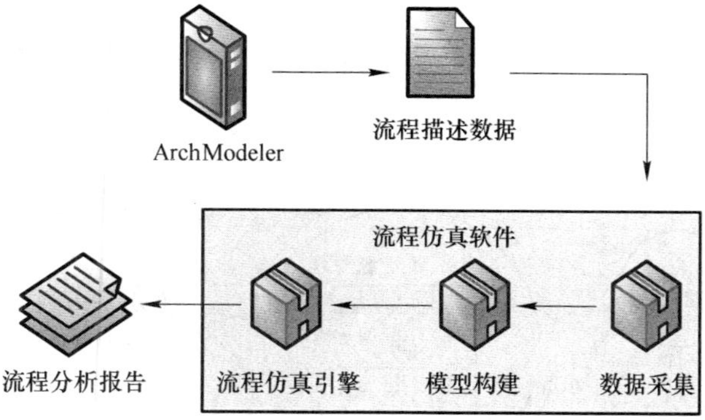

图 3-57　工业流程仿真平台组成及流程

（5）仿真数据接口：提供了和外部各种数据格式（文本、Excel、ODBC 数据库等）进行数据交换的机制和接口。

软件主要运用流程：

（1）使用 AM 软件，基于 DoDAF 标准和 IDEF 的结构化分析方法建立体系结构模型。

（2）体系建模工具定义的作业流程信息通过 XML 文件的方式提供给流程仿真软件。

（3）将 XML 文件转换为可供流程仿真软件调用的模型。

（4）运行仿真引擎，对流程进行仿真，得到仿真结果。

（5）仿真人员根据仿真结果判断体系规则或业务过程的资源配置是否合理及整个处理流程的瓶颈等信息。

（6）根据仿真结果，人工对 AM 体系结构模型进行优化。

3.4.3　复杂系统创新平台

作者通过将“TRIZ（各类方法与工具）+ 工业工程（各类方法与工具）+ 仿真方法”的多创新方法进行融合，构建了复杂系统创新平台，覆盖仿真前、仿真中和仿真后的全生命周期过程。各环节贯通、软件之间数据相互关联，前一阶段为后一阶段提供输入，后一阶段为前一阶段提供反馈。如图 3-58 所示。

使用复杂系统创新平台进行创新活动可分为 6 个阶段，包括：

（1）需求采集管理与 TRIZ 融合阶段。用需求采集工具制定需求采集模板，下发各个相关部门和不同用户单位，从不同角度定义需求。但公司内不同部门之间对产品需求存在矛盾，不同用户之间对产品需求也存在矛盾。用 TRIZ 进行矛盾分析，凝练出最本质的需求，提供需求的精准度。

（2）仿真建模与工业工程融合阶段。根据需求输出的数据，想定复杂系统

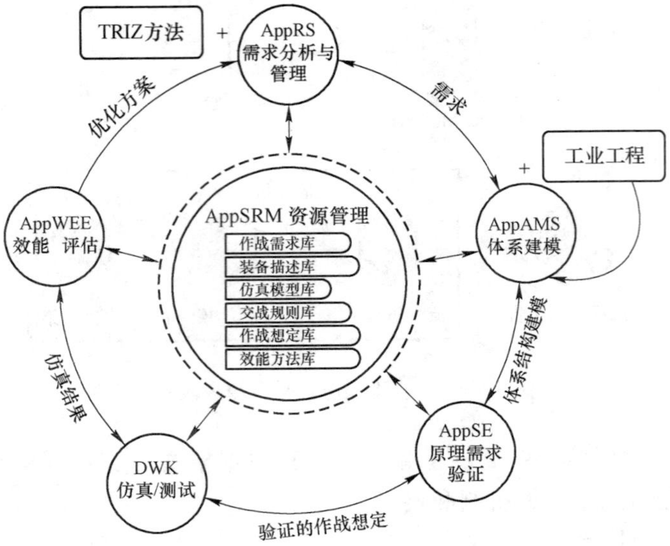

图 3-58　复杂系统创新平台

研发设计方案，建立虚拟样机的体系模型。在体系建模阶段加入工业工程方法，在仿真的初始阶段及早发现问题，然后有针对性的进行改进，直至满足需求，缩短整个复杂系统研制的周期。

（3）可视化演示阶段。利用可视化验证软件对体系建模工具定义的静态体系进行模型构建并实现体系的动态预演。通过演示验证发现体系设计中的问题，如有体系设计问题则返回步骤模型构建阶段进行修改完善。

（4）仿真测试阶段。基于想定，结合可视化演示验证工具展示虚拟样机在运动仿真环境下的形态、适应性等，获取近似真实环境下的系统运行过程数据，对结果进行分析验证。

（5）效能评估阶段。根据仿真测试输出的结果，对研发性能进行效能评估，为系统性能改进提供数据支撑。

（6）数据资源管理阶段。将仿真测试数据和其他相关数据进行统一归档和管理，并进行模块化操作，形成企业级数据库，便于后期搜索和查询，有效增强数据的重用性和共享性，为后续综合识别系统的研制和升级提供数据支撑。

总之，复杂系统创新平台针对复杂系统研发薄弱环节，结合 TRIZ 创新方法进行需求创新，结合工业工程方法进行流程创新，在原有“普惠环”6 个工具软件基础上，新增“TRIZ 矛盾分析软件”和“流程分析软件”，形成一个集实用性、科学性、经济性于一体的创新方法环和工具集，具有一定的创新性，可在军用和民用系统设计开发领域进行应用推广。

4 复杂系统创新评价体系

4.1 复杂系统创新评价概述

创新工作的开展皆以组织目的为导向。企业开展创新的目的是通过技术创新创造壁垒，通过创新的产品获得更高的经济效益。研究所等机构开展创新工作，目的是在国内或国际的行业内获得领先地位。创新是一个漫长的过程，随着产品复杂度的提升，针对复杂系统的创新工作耗费人力、经费和时间的成本比以往更高，且结果成功与否存在更大的风险。基于前期的研究和实践，多种创新方法融合能够有效的优化企业等组织在创新工作中人、财、时间的投入，但围绕具体的创新工作目标，需要相应的评估方法来评估目标达到的情况。通过建立创新评价体系，评估创新方法的实施是否真正发挥了作用，发挥作用的权重有多大，在后续的工作中如何进一步优化创新方法的实施策略。加强对创新评价体系的建立，有利于在创新过程中及时分析和评估研发工作中的突破与不足，及制定风险预警方案提供参考。

产品创新指的是从复杂产品创意提出到系统移交的全过程，包括产品创新计划，开发过程，产品创新组织形式。创新工作的完成需要结合领先用户的专有知识才能得以实现，创意信息的获取需要多种渠道的输入。渠道包括内部和外部来源，内部以组织内部的研发中心、跨部门获取专业信息等方式，外部以从行业专家、专业机构、政府部门等渠道获得。将其创意系统化的转移到产品中，需要采用有效的技术手段。技术手段获取方式需要兼顾技术开发成本可控、时间可控、风险可控等因素。有效的技术获取手段方式包括内部获取和外部获取，内部主要依靠组织内的研发积累，外部可以通过外包商、咨询机构、采购关键技术、合作开发等方式。在创新工作中，内部的技术创新依然是达成组织创新目标的支柱。

创新效果评价是一个复杂的问题。如何系统、科学地评价企业实施创新方法的具体效果，涉及多方面的要素。对创新效果的评价是提高企业创新能力的基础。创新效果的评价涉及定性与定量，主观与客观等众多要素的综合权衡。许多传统评估方法，在这一问题上存在一定的缺陷。针对这一问题，参考已有研究，提出了一种探索性交互实验评估方法用来评估企业的创新效果。

在评估企业技术创新行为过程中，应明确企业技术创新方法应用的成效，分析企业技术创新方法促进企业技术创新能力发展、竞争力提升和经营业绩的作用机制，发现企业技术创新方法应用的优势及不足，在评估指标体系的设计当中主要围绕着这个问题展开。

构建评估指标体系是进行效果评估的核心。近年来，技术创新能力的评估指标体系日趋丰富。在企业技术创新评估指标体系设计中，国内外一般遵循 OECD（经济与合作组织）所规定的《奥斯陆手册》，手册主要评估分析企业创新过程中的七个不同部分：创新目的、促进或阻碍创新的因素、创新数目、创新的新颖性和性质、创新对企业行为的影响、创新的扩散以及专门问题如专利等。

不同的研究机构和专家对创新评估体系的构建从不同的侧面进行了诸多有益的研究。国内关于企业技术创新的研究，从 20 世纪 80 年代中期开始主要集中在技术创新能力上，主要代表人物有许庆瑞、傅家骥、魏江、项保华、王伟强、李廉水和关士续等。目前国内对企业技术创新评估主要包括两个方面，即技术创新能力评估和技术创新绩效评估，其中前者由于起步更早，研究成果也较多，但是对基于企业技术创新方法应用的成效评估少之甚少。

中国科学院科技政策与管理科学研究所依托科技部 21 世纪中心“技术创新方法辅助创新体系和推广机制研究、培训教材开发及成效评估”课题，构建我国企业技术创新方法应用成效评估指标体系，如表 4-1 所示。这套指标体系将企业技术创新成效分解为技术产出、经济产出、研发效率、创新管理水平四个方面，以此作为企业应用技术创新方法成效评估指标体系构建的基础。

表 4-1　企业技术创新方法应用成效评估指标体系

一级指标	二级指标	说明
技术产出	专利授权数量	包括国际和国内专利，以该年实际授权数为准
	发明专利比例	（发明专利授权数量/专利授权总数）×100%
	科技论文发表	本公司人员在国内外科技期刊和国际学术会议发表的科技论文，不含新闻消息以及媒体对公司的报道
	自有非专利技术	尚未获得专利，但对本公司竞争力提升有重要意义的技术
经济产出	每年推出新产品数量	该年度内推出的新产品，含同一系列产品的升级版
	新产品收入占公司销售收入比例	（新产品销售收入/公司销售总收入）×100%
	新产品利润占公司总利润比例	（新产品利润/公司总利润）×100%
	技术转让收入	将技术转让给其他机构获得的收入，含技术及相关服务
研发效率	项目平均研发周期	公司立项的研发项目从立项到结束的平均时长
	研发人员人均专利数量增长	专利授权数量/研发人员数量
	单位 R&D 投入的专利产出数量	专利授权数量/公司年度研发投入

续表 4-1

一级指标	二 级 指 标	说 明
研发效率	科研成果转化率	（转化为商品的研发成果数量/研发成果总数）×100%
	新产品平均上市时间	新产品从立项到上市的时间周期
创新管理	创新成功率	（获得成功的研发项目/研发项目总数）×100%，对于何为“成功”采用企业内部的标准
	创新战略制定能力	主观指标，评价公司制定创新战略的能力，主要包括最高层的重视与参与、技术与市场预见能力、战略制定流程等、采用 1～5 量表，1：很低，2：较低，3：一般；4：较高；5：很高
	水平创新对公司竞争力的贡献	主观指标，评价创新对提升公司竞争力的贡献采用 1～5 量表，1：完全没贡献，2：贡献很小；3：有一定贡献；4：有较大贡献；5：非常有贡献
	研发体系创新	主观指标，主要从知识管理、创新流程、团队管理等方面来评价采用 1～5 量表，1：完全没创新；2：几乎没创新；3：有一定创新；4：有较大创新；5：有重大创新

广东省科学技术情报研究所通过采用理论分析和专家咨询相结合的研究方法，确立了企业实施创新方法效果的评价指标体系，这套指标体系包含 5 个一级指标和 19 个二级指标，如表 4-2 所示。

表 4-2 企业实施创新方法的效果评价指标体系

一级指标 A	二级指标 B	指 标 说 明
技术产出 A1	专利申请数量增长率 B1	包括国际和国内专利，以该年实际申请数为准
	专利授权数量增长率 B2	包括国际和国内专利，以该年实际授权数为准
	发明专利所占比例 B3	（发明专利授权数量/专利授权总数）×100%
	新产品增长率 B4	该年度推出的新产品，含同一系列产品的升级版
经济产出 A2	新产品销售收入增长率 B5	（新产品销售收入/公司销售总收入）×100%
	新产品利润占企业总利润比例 B6	（新产品利润/公司总利润）×100%
	新技术转让收入增长率 B7	将新技术转让给其他机构获得的收入，含技术及相关服务
	成本节约额 B8	采用新技术、新工艺、新材料后节约的成本
创新效率 A3	项目平均研发周期缩短率 B9	研发项目从立项到结束的平均时长
	研发人员人均专利数量增长率 B10	专利授权数量/研发人员数量
	科研成果转化率 B11	（转化为商品的研发成果数量 / 研发成果总数）×100%

续表 4-2

一级指标 A	二级指标 B	指标说明
创新潜力 A4	专家数量增长率 B12	专家的数量增长
	创新项目增长率 B13	包括企业内部的创新项目和承担国家、省级科研项目的数量
	研发经费增长率 B14	包括企业内部的研发投入和承担国家、省级科研项目的经费
	对外科技合作水平的提升 B15	主观指标，包括行业共性、关键性技术的合作交流等方面采用 1 ~5 量表
创新管理水平 A5	科学制定创新战略 B16	主观指标，包括创新理念的先进性，创新在企业文化中的重要性等，采用 1 ~5 量表
	合理选择创新模式 B17	主观指标，创新模式的合理性，采用 1 ~5 量表
	有效运行创新机制 B18	主观指标，创新机制的有效性，包括创新方法应用流程的固化等方面，采用 1 ~5 量表
	专利战略管理水平提升 B19	主观指标，包括信息采集和创新预测水平、专利技术与市场预见能力等，采用 1 ~5 量表

在整个指标体系中，将企业技术创新成效分解为技术产出、经济产出、创新效率、创新潜力、创新管理水平五个方面，以此作为企业应用技术创新方法成效评估指标体系构建的基础，现对这五个方面说明如下：

第一，技术产出。企业生产运营的主要任务是尽可能地把最先进的科技成果应用于新产品和新工艺的开发，找到一条符合本企业实际的投入尽可能少、获得尽可能大的社会经济效益的最可靠途径，以保证企业目标的顺利完成及实现。技术的先进程度，包括发明专利或关键技术的突破，都对企业技术创新活动成效有重要影响。

第二，经济产出。没有需求的技术没有生命力，经济产出反映的是社会接受企业创新产品的能力，体现着企业技术创新产品的市场开拓和市场占有。企业创新活动的经济产出是企业各类资源投入转化的价值形态，通过技术创新把生产出来的新产品或新工艺推向市场，以收回企业投入，并取得相应的社会经济效益，这也是企业技术创新市场竞争力的现实体现。

第三，创新效率。企业的技术创新活动的一个重要方面是使企业生产研发的效率有所提高，从而使企业技术创新实施过程的品质得以提高。创新研发效率既是创新实施的表征和结果，也是企业技术创新的客观尺度和主观实力，体现创新实施的水平质量以及竞争能力。企业技术研发效率主要从项目研发周期、成果转化、单位 R&D 投入的专利产出数量等方面来衡量。

第四，创新潜力。在企业创新潜力积累和开发的过程中，主体受到四个方面的激励，包括企业专家数量的增长、创新项目的增长、研发经费的增长和对外科技合作水平的提升。

第五，创新管理水平。技术创新离不开管理，创新管理是技术创新活动的基本保证。创新管理水平表现为企业发现和评价创新机会，组织技术创新活动的能力，技术创新成效显著的企业应具有明确而实际的创新战略和有效的创新研发机制。在本评估指标体系中，创新管理水平的各项指标几乎都为主观指标，采用1~5量表实现量化评价操作。总的来说，对于企业技术创新能力评估指标，目前存在着许多不同的测度指标，对于这个领域也比较成熟，但是对于企业应用技术创新方法成效评估指标的探讨却非常之少。

4.2 探索性交互实验评估模型

目前对企业实施创新方法效果的评价还多处于探索阶段，缺少可供参考的历史数据、直接相关的文献也比较少，而且不同行业背景的不同企业之间具有异质性，不能简单地以某一行业标杆企业作为参考标准。在进行具体的创新评估时可以参考以上指标体系构建适合评估对象的特定指标体系。并根据评估方案构建计算任务并执行评估计算通常在等级评估的方法中，层次分析法使用比较简单，交互式判断相对较小。但层次分析法有其局限性。在涉及指标之间的线性或非线性关系时，层次分析法并不能很好的说明情况。并且层次分析法在使用时，其判断矩阵的构造通常由指标的重要程度之比作为矩阵元素，以此得到指标之间的权重。但在实际问题中，某些重要程度相对偏小的指标要求达到一定的阈值才能达到要求。在该指标没有达到阈值的情况下，即使其他重要指标超过标准要求很多，也不能填弥补该指标的不足，很显然实际问题是一种灵活的非线性综合指标效用关系，层次分析法等赋权法局限性很大。因此，层次分析法通常适合于概略评估。对于需要精密评估的领域，本章借鉴胡剑文教授提出的探索性交互式评估分析方法与企业创新效果评估。该方法针对主观评估问题，采用信度分布函数来描述各级指标的取值情况，并通过定制实验设计与交互式判断的方法，拟合生成各级指标的综合效用模型。通过信度分布函数的综合计算，生成最终综合指标的等级分布，以辅助评估人员进行综合评估。

建立探索性交互实验评估模型可分为三步。

第一步，确定评估目标以及评估指标体系，对指标进行分层，并对定性指标进行评估等级划分。我们将企业实施创新驱动方法的效果评估分为五个等级，分别用Ⅰ、Ⅱ、Ⅲ、Ⅳ、Ⅴ来表示，Ⅰ级为最差效果，Ⅴ级为最好效果。对于主观评估问题，最终评估的目标往往是一种等级的划分。等级之间有明确的定性划分，具体说明与界定可参考客观事物，由相关领域专家给出。例如，对于某一级，应当有相关的参考标准，整体界定等级特征，并设定相应的参考标杆，这样在专家主观判断时，有参考依据，避免不一致的出现。

第二步，评估层之间关系的确定。评估各级指标之间关系对于创新效果的评估结果影响巨大，下级指标与上级综合指标之间存在的线性与非线性关系更对评估结果产生重要的影响，因此确定评估层之间的关系十分重要。在此，我们考虑指标之间线性与非线性、指标之间独立性的关系，并由相关专家确定。运用探索性交互实验的手段，采用定制实验设计，预先可以根据指标的影响关系，定制相关实验，生成指标综合计算模型，由下级指标求出上级指标的取值，最终获取总的综合指标评估结果。

第三步，确定信度分布。信度分布函数，即描述主观不确定性的一种概率表达式。例如，我们在描述某个指标等级的时候，称该指标等级超过一级的信度为0.5，即该指标有50%的可能性超过一级。信度函数的范围为［0，1］，当信度为0时，即为完全不可信；信度为1时，为完全可信。探索性交互实验评估模型以信度分布为判断目标等级的依据，根据底层指标的信度分布，借助指标层之间的映射关系得到评估目标的信度分布。具体即为求解如下条件

$$\begin{cases}\alpha_i = \max[\varepsilon(X_1) \wedge \varepsilon(X_2) \wedge \cdots \wedge \varepsilon(X_n)] \\ \text{s. t.} f(X_1, X_2, \cdots, X_n) \geqslant i\end{cases}$$

$f(X_1, X_2, \cdots, X_n)$ 表示指标 X_1，X_2，…，X_n 综合函数，也是上级指标的值。符号“∧”表示取最小值，α_i 表示 $f(X_1, X_2, \cdots, X_n) \geqslant i$ 的信度值。$\varepsilon(X_i)$ 是第 i 个指标的信度分布函数。约定所有指标的信度分布函数用单调减的形式表示，值越大越优，大于此值的信度越小。若 f 为单调增函数，可以证明 $\alpha_{\mathrm{I}} \leqslant \alpha_{\mathrm{II}} \leqslant \alpha_{\mathrm{III}} \leqslant \alpha_{\mathrm{IV}} \leqslant \alpha_{\mathrm{V}}$。

以A公司为例，介绍探索性交互实验评估模型。探索性交互实验评估模型的建立需要以下三个步骤。

第一步，评估等级划分。我们将企业实施创新驱动方法的效果评估分为五个等级，分别用Ⅰ、Ⅱ、Ⅲ、Ⅳ、Ⅴ来表示，Ⅰ级为最差效果，Ⅴ级为最好效果。等级之间有明确的定性划分，具体说明与界定可参考客观事物，由相关领域专家给出。将五个等级的评估模式应用到每个指标层，对于定性指标，由专家给出可参考客观事物的定性描述；对于定量指标，则直接根据取值来设定信度。

第二步，评估层之间关系的确定。在表4-1、表4-2中，指标体系分为一级指标和二级指标，并且最终由一级指标确定评估目标的最终等级。评估层之间关系对于创新效果的评估结果影响巨大，指标与指标之间存在的线性与非线性关系更对评估结果产生重要的影响，因此确定评估层之间的关系十分重要。在此，我

们考虑指标之间线性与非线性、指标之间独立性的关系，并由相关专家确定。在专家给出意见后，由定制实验设计的方法给出二级指标到一级指标、一级指标到评估表之间的映射关系，进一步用多项式拟合得到相应方程式。

以技术产出指标表达式为例，选择技术产出（A1）为响应，专利申请数量增长率（B1）、专利授权数量增长率（B2）、发明专利所占比例（B3）、新产品增长率（B4）为因子，根据专家给出的指标之间的相互关系（线性、非线性、关联性等）确定表达式中相关项，在此假定 B1、B2、B3 与 B4 都具有二次效应，且 B1 与 B2，以及 B3 与 B4 有交互作用，在此约定的基础上，进行定制实验抽样得到多组数据，然后由专家对每组组合数据得到的技术产出等级进行判断，给出等级，定制实验数据见表 4-3。

表 4-3 定制实验数据

实验次数	专利申请数量增长率 B1	专利授权数量增长率 B2	发明专利所占比例 B3	新产品增长率 B4	技术产出 A1
1	0.13	0.03	0.25	0.2	4
2	0.08	0.07	0.15	0.2	3
3	0.02	0.03	0.15	0.1	2
4	0.08	0.07	0.25	0.3	4
5	0.13	0.07	0.05	0.3	4
6	0.08	0.03	0.25	0.1	3
7	0.13	0.03	0.15	0.3	3
8	0.13	0.11	0.15	0.2	4
9	0.02	0.07	0.25	0.1	3
10	0.05	0.11	0.05	0.3	3
11	0.02	0.03	0.05	0.3	2
12	0.13	0.11	0.25	0.3	5
13	0.02	0.11	0.15	0.3	3
14	0.08	0.11	0.05	0.1	2
15	0.02	0.03	0.25	0.3	3
16	0.02	0.03	0.05	0.2	1
17	0.02	0.07	0.05	0.1	1
18	0.13	0.11	0.25	0.1	4
19	0.02	0.11	0.25	0.2	3
20	0.13	0.03	0.05	0.1	2

得到响应 A1 与因子 B1、B2、B3、B4 之间的映射关系后，应用多项式拟合得到其表达式。多项式回归结果如图 4-1 所示，R2 结果比较满意，回归效果较好，说明该式能较好的根据 B1、B2、B3、B4 具体取值来判定 A1 等级值。很显然，它比层次分析法等方法确定的简单线性模型的效用要高得多。

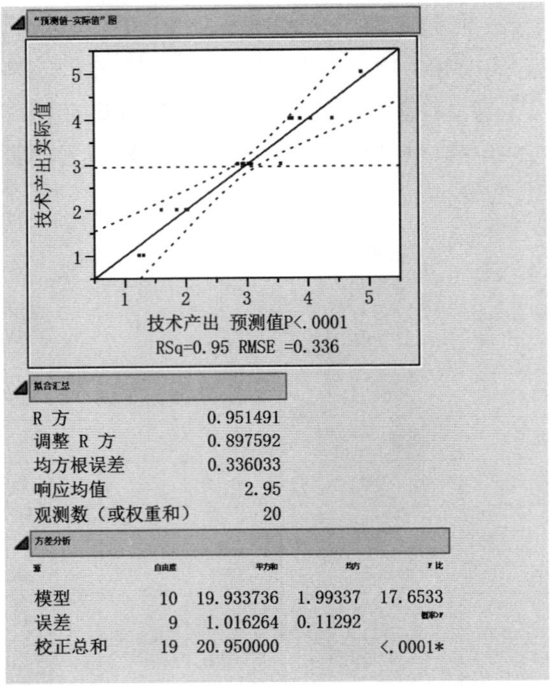

图 4-1　技术产出指标的回归模型

技术产出指标表达式：

$$A1(B1,B2,B3,B4) = 3 + 0.6*(B1-0.075)/0.055 + 0.04*(B1-0.075)/0.055*(B1-0.075)/0.055 + (B2-0.07)/0.04*0.33 + (B2-0.07)/0.04*(B2-0.07)/0.04*(-0.22) + 0.66*(B3-0.15)/0.1 + 0.02*(B3-0.15)/0.1*(B3-0.15)/0.1 + 0.43*(B4-0.2)/0.1 + 0.09*(B4-0.2)/0.1*(B4-0.2)/0.1 + (B1-0.075)/0.055*(B2-0.07)/0.04*0.1 - 0.19*(B3-0.15)/0.1*(B4-0.2)/0.1$$

其他指标的表达式生成同技术产出指标，结果如下：

经济产出指标表达式：

A2(B5,B6,B7,B8) =2.94 +0.52 * (B5 -0.15)/0.1 +0.45 * (B5 -0.15)/0.1 * (B5 -0.15)/0.1 +0.54 * (B6 -0.075)/0.045 -0.24 * (B6 -0.075)/0.045 * (B6 -0.075)/0.045 +0.50 * (B7 -0.185)/0.105 +0.01 * (B7 -0.185)/0.105 * (B7 -0.185)/0.105 +0.60 * (B8 -0.18)/0.08 - 0.13 * (B8 -0.18)/0.08 * (B8 -0.18)/0.08 +0.002 * (B5 -0.15)/0.1 * (B6 -0.075)/0.045

创新效率指标表达式：

A3(B9,B10,B11) =2.92 +0.69 * (B9 -0.2)/0.1 +0.06 * (B9 -0.2)/0.1 * (B9 -0.2)/0.1 +0.94 * (B10 -0.15)/0.1 +0.06 * (B10 -0.15)/0.1 * (B10 -0.15)/0.1 +0.69 * (B11 -0.09)/0.1 +0.06 * (B11 -0.09)/0.1 * (B11 -0.09)/0.1

创新潜力指标表达式：

A4(B12,B13,B14,B15) =2.68 +0.5 * (B12 -0.2)/0.1 +0.13 * (B12 -0.2)/0.1 * (B12 -0.2)/0.1 +0.5 * (B13 -0.3)/0.2 + 0.13 * (B13 -0.3)/0.2 * (B13 -0.3)/0.2 +0.4 * (B14 -3)/2 +0.5 * (B15 -0.15)/0.1 -0.02 * (B12 -0.2)/0.1 * (B13 -0.3)/0.2

创新管理水平指标表达式：

A5(B16,B17,B18,B19) =2.74 +0.45 * (B16 -3)/2 -0.12 * (B16 -3)/2 * (B16 -3)/2 +0.65 * (B17 -3)/2 +0.29 * (B18 -3)/2 +0.38 * (B18 -3)/2 * (B18 -3)/2 +0.45 * (B19 -3)/2

由一级指标到评估目标之间的映射创新结果评估表达式：

F(A1,A2,A3,A4,A5) =2.94 +0.61 * (A1 -3)/2 +0.05 * (A1 -3)/2 * (A1 -3)/2 +0.61 * (A2 -3)/2 +0.05 * (A2 -3)/2 * (A2 -3)/2 +0.52 * (A3 -3)/2 +0.52 * (A4 -3)/2 +0.52 * (A5 -3)/2 +0.07 * (A5 -3)/2 * (A5 -3)/2 -0.23 * (A1 -3)/2 * (A2 -3)/2 +0.01 * (A2 -3)/2 * (A3 -3)/2 -0.15 * (A3 -3)/2 * (A5 -3)/2

第三步，确定信度分布。探索性交互实验评估模型以信度分布为判断目标等级的依据，根据底层指标的信度分布，借助指标层之间的映射关系得到评估目标的信度分布。具体即为求解如下条件

$$\begin{cases}\alpha_i = \max[\varepsilon(X_1) \wedge \varepsilon(X_2) \wedge \cdots \wedge \varepsilon(X_n)] \\ \text{s.t.} f(X_1, X_2, \cdots, X_n) \geqslant i\end{cases}$$

其中 α_i 为对应的等级，i = Ⅰ、Ⅱ、Ⅲ、Ⅳ、Ⅴ。可以证明，如果 f 是单调函数，则 $\alpha_{\mathrm{I}} \leqslant \alpha_{\mathrm{II}} \leqslant \alpha_{\mathrm{III}} \leqslant \alpha_{\mathrm{IV}} \leqslant \alpha_{\mathrm{V}}$。

假设专家对评估方案给出的信度分布函数如表 4-4 所示。通过专家对每一项指标的取值做出可信度判断，最后综合取最大值得到如下的信度分布。以专利申请数量增长率指标为例，由多个专家对第一项数据的可信度做出判断，专家给出其判断依据，在判定真实有效的情况下，取专家给出的最大值，即专利申请数量增长率超过 0.02 的信度为 1。由此得到信度分布，如图 4-2 所示。

表 4-4　二级指标信度分布表

专利申请数量增长率	0.02	0.05	0.08	0.1	0.13
信度分布	1	0.95	0.85	0.1	0
专家授权数量增长率	0.03	0.05	0.07	0.09	0.11
信度分布	1	0.9	0.2	0.05	0
发明专利所占比例	0.05	0.1	0.15	0.2	0.25
信度分布	1	0.9	0.85	0.75	0
新产品增长率	0.1	0.15	0.2	0.25	0.3
信度分布	1	0.85	0.1	0.05	0
新产品销售收入增长率	0.05	0.1	0.15	0.2	0.25
信度分布	1	1	1	0.95	0.9
新产品利润占企业总利润比例	0.03	0.05	0.08	0.1	0.12
信度分布	1	1	0.95	0.85	0.1
新技术转让收入增长率	0.08	0.12	0.17	0.23	0.29
信度分布	1	1	0.8	0.1	0
成本节约额	0.1	0.13	0.17	0.22	0.26
信度分布	1	0.9	0.1	0.05	0
项目平均研发周期缩短率	0.1	0.15	0.2	0.25	0.3
信度分布	1	0.1	0	0	0
研发人员人均专利数量增长率	0.05	0.1	0.15	0.2	0.25
信度分布	1	0.9	0.05	0	0
科研成果转化率	0.03	0.06	0.09	0.12	0.15
信度分布	1	0.9	0.85	0.05	0
创新项目增长率	0.1	0.15	0.2	0.25	0.3
信度分布	1	0.95	0.9	0.85	0.05
研发经费增长率	0.1	0.2	0.3	0.4	0.5
信度分布	1	0.9	0.1	0	0

续表 4-4

对外科技合作水平的提升	1	2	3	4	5
信度分布	1	0.7	0.3	0.1	0
创新方法专家数量增长率	0.05	0.1	0.15	0.2	0.25
信度分布	1	0.85	0.05	0	0
科学制定创新战略	Ⅰ	Ⅱ	Ⅲ	Ⅳ	Ⅴ
信度分布	1	0.8	0.6	0.1	0
合理选择创新模式	Ⅰ	Ⅱ	Ⅲ	Ⅳ	Ⅴ
信度分布	1	0.9	0.75	0.6	0.05
有效运行创新机制	Ⅰ	Ⅱ	Ⅲ	Ⅳ	Ⅴ
信度分布	1	0.9	0.85	0.8	0.75
专利战略管理水平提升	Ⅰ	Ⅱ	Ⅲ	Ⅳ	Ⅴ
信度分布	1	0.9	0.6	0.2	0

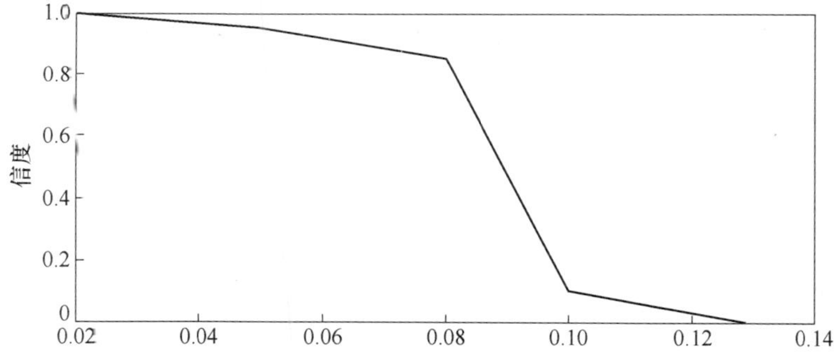

图 4-2 专利申请数量增长率与信度分布图

分别求解步骤二给出的 6 个方程式，可得到表 4-5。

表 4-5 一层指标信度分布表

项 目	Ⅰ	Ⅱ	Ⅲ	Ⅳ	Ⅴ
技术产出	1.0000	0.9328	0.8221	0.3535	0.0104
经济产出	1.0000	0.9995	0.9400	0.8352	0
创新效率	1.0000	0.9149	0.1422	0.0022	0
创新潜力	1.0000	0.9200	0.4918	0.0500	0
创新管理水平	1.0000	0.9234	0.7700	0.6000	0.0592

评估目标的信度分布为（1.0000，0.9200，0.7700，0.3535，0.0104），按

上述方法，进一步可以得到评估目标的等级信度分布图，见图 4-3。

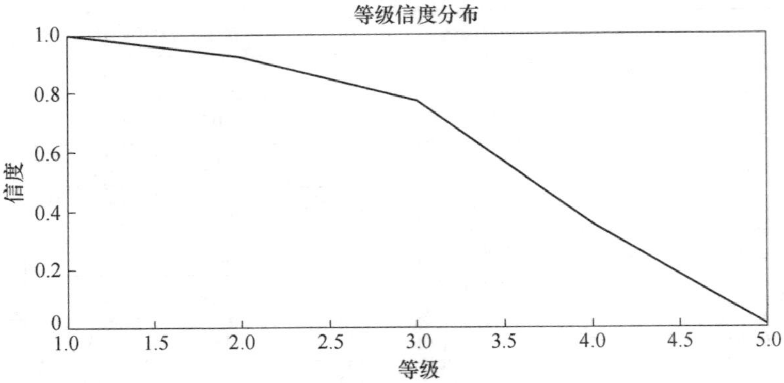

图 4-3　评估结果信度分布

图 4-3 表示了综合评价高于某个等级的信度曲线。由数据可知，创新方法在 A 公司实施后，公司创新能力高于Ⅲ级的信度为 0.77，高于Ⅳ级的信度为 0.3535，根据上述信度分布值，可以辅助决策人员进行整体评估。

5 复杂系统创新平台的推广和应用

5.1 复杂系统创新平台的推广

复杂系统创新平台的核心理念是通过多种创新方法融合，提高产品研发效率。以此理念为基础，形成了一套软件工具集即复杂系统创新平台。伴随着信息化、智能化的发展，信息的复杂度越来越高，一个产品或者装备内会包含很多分系统，或者为了完成某种任务而建立的系统，系统间的协作也是个复杂问题。创新的初期往往只是一个简单的想法，将想法落实到实体，直到实体的完善，是一个漫长的迭代过程，涉及很多关键点，比如，如何清晰地将最初的想法变成一个初步的系统架构，如何将这个系统进行分解以便开展研发，如何验证系统符合最初的设想，如何评估系统原型的性能指标等。在一些专业领域，已经有了非常多的工具软件可以满足其中的一项或几项功能，比如在车辆制造业，同一个单位的不同部门，就可能涉及数十种不同软件的应用。不同的软件实现不同的局部功能。这样带来主要问题是不同软件之间的数据和信息很难实现互联互通，开发人员针对产品很难在同一种“语境”下进行交流。复杂系统创新平台的工具集包含的六个部分，需求采集管理、体系建模仿真、可视化演示、仿真测试、效能评估和数据资源管理，它们之间互联互通，加强了对系统的顶层设计，覆盖了产品研发的整个过程。六个工具针对创新研发阶段形成的闭环平台，可以有效加速产品从想法到实体产品的迭代速度。因此，在国防军工、制造也推广平台的应用，对于我国创新产品的研发能力提升具有重要意义。

复杂系统创新平台构建的基础是北京神州普惠科技股份有限公司自主研发的工具集平台“普惠环”。“普惠环”已经在国防军工领域得到广泛应用。平台服务于我国工业部门、军地院校、各军兵种部队等相关研究单位，作为开发平台为用户提供装备论证、装备研制、作战试验、模拟训练的技术支撑。“普惠环”平台各部分功能的不断完善是一个漫长的过程，在平台形成的过程中，通过与每一个紧密合作，为用户解决研发问题，使得普惠环在国防领域的应用逐渐深入。“普惠环”是在与用户合作的过程中，通过解决实际的问题不断建立起的口碑而受到了用户的青睐，从而不断发展了十余年。

从“普惠环”的发展获得启示，以平台的模式推广具备先天优势。平台的由多款工具软件构成，通过资源管理软件能够做到使数据在不同的工具软件之间共用，从而实现了软件间的互联互通。用户根据研发需求从任意软件入手使用，随着工作进展可以方便的切换到平台上的其他工具继续工作。所以每一款软件都是平台的推广的入口，让用户成为平台的使用者。并且通过数据的贯通，以及数据的积累能够进一步增强平台对用户的黏度。此外，工具软件全部自主可控，对于定制化开发的用户具有更强的灵活性，可以将平台直接升级为专业的开发平台。

复杂系统创新平台的诞生也是在公司和用户合作的过程中产生的，它的推广方式可以借鉴“普惠环”的思路。在完成了多方法融合后，平台新增的功能后能进一步扩展新的应用领域。复杂系统创新平台结合 TRIZ 创新方法进行需求分析，结合工业工程方法在系统建模环节加速了迭代，对“普惠环”仿真一体化平台进行功能扩展，而形成的一套可在军用和民用推广应用的工具集。

创新平台继承了“普惠环”的优势，用户可以通过采用任何一款工具软件来实现接入平台，平台工具＋模型积累，利于提升用户对平台的黏度。

推广方式可以采用已有的经验，一方面依托平台研发单位神州普惠在市场中的积累，首先将创新平台的新增功能与现有用户的需求相结合，在已有客户中建立典型应用案例。然后将这些应用案例进行推广，复制到相似的用户单位中。

不同的专业领域，对系统研发有特殊的要求。比如，国防工业领域，用户特点是专业度强，对保密要求高，平台需要满足自主可控并且提供服务的单位需要有相应的资质。在系统设计时，不同领域遵循的标准不同。平台进入这些领域则需要满足行业中相应的标准、甚至获得必要的认证。这是随着平台推广而逐步完善的。

复杂系统创新平台在国防领域已经有了较成熟的用户群体，以此领域为例概述平台的推广的情况。为了服务国防，平台研发单位神州普惠公司陆续获得了军工行业相关的国军标认证等重要资质。为平台应用于海洋、国防、航空航天等军工装备领域的复杂系统研制提供必要支撑条件。创新平台在军工领域的推广和应用具有明显优势。在海洋、国防、航空航天等军工领域，受国防安全和国外禁运等多重影响，国外企业和相关产品受到很大限制，同时，由于客户对数据保密性、服务可靠性与售后服务能力等方面有较高标准，其选择供应商程序严格，一旦选定则较少变更，因此客户具有高黏度。通过多年的市场开拓和客户关系的精心维护，本公司产品拥有了一批较为稳固的军工领域的优质客户，这为平台在这些军工单位和部队的推广应用打下很好的基础。

创新平台的推广以网络精准营销结合线下展会、研讨会等方式开展，一方面奠定了平台在该领域的品牌，进而逐步积累了大量忠实用户并保持着长期的合作关系。通过这些合作，平台的成熟度提高，市场需要进一步扩大，在高端制造业也挖掘了样板客户，并加强了对民用产品研发的市场推广。

平台一些典型的应用方向如下：

（1）在国防军工领域的应用。20世纪80年代以来，战争形态发生了巨大变化。从海湾战争和科索沃战争看，现代战争不仅是海陆空三维立体战争，而且已发展到海陆空天和信息多维空间中的联合行动；争夺制空权变成争夺制天权，其核心又是夺取空间“制信息权”，未来空间优势的争夺将集中体现在空间信息优势的争夺上。近年来，网络中心战甚嚣尘上，实质上，就是利用强大的计算机信息网络，将分布在广阔区域内的各种探测和传感装置、指挥中心和各种武器系统，集成为一个高效的大系统，实现战场态势的信息共享和武器的高效优化使用，在军事行动的各个级别实现更加快速而高效地决策，由此提高实施行动的速度。指挥、控制、通信、计算机、情报、监视和侦察系统（简称C^4ISR）是军队的重要军事装备，是军队现代化的标志之一，因此受到各国政府和军队高度重视。应用仿真技术来研究和解决C^4ISR系统在规划、设计、研制、应用和训练等各个阶段出现的各类问题，是一种较为有效的方法。

仿真技术已得到部队和军工院所的认可和重视。它对提高新一代武器装备综合性能，减少系统实物实验次数、缩短研制周期，节省研制经费，提高维护水平，延长寿命周期，强化部队训练等方面都可大有作为。据统计，仿真技术可缩短导弹武器研制周期20%～40%，节约导弹定型实验所需弹数10%～30%；鱼雷试航次数减少50%～80%；缩短舰船作战系统、武器系统联调时间40%～60%。从可量化的数字看，至95年底，仿真技术在我国各类导弹（含鱼雷、运载火箭）、卫星、飞机、舰船、坦克和高炮的研制中，仿真创经济效益达人民币5亿元以上。

目前，由于运用计算机仿真技术开展军事训练的具有巨大的优势与潜力，世界主要发达国家都高度重视建模与仿真技术的发展。美国1994年公布的国防技术计划中，“建模和仿真”被列为第14项关键技术。美国还专门成立了国防装备仿真与建模机构，将“仿真与建模”列为“能有助于极大提高战备、现代化、部队结构、持续军事能力的一项重要的国防技术”。为适应我军由机械化向信息化跨越式发展的新形势，我军已经将仿真技术广泛应用于作战训练和部队建设的各领域，对于实现“建设信息化军队，打赢信息化战争”的战略目标，有效提高我军作战能力和信息化水平具有广阔而深远的意义。

在国防军工尖端核心技术等军用领域，受国防安全和国外禁运等多重影响，国外企业和产品受到很大限制，难以直接进入，拥有国防军工资质的国内厂商特别是具有一定自主创新能力的国内厂商可以凭借自主产品和贴近终端用户的个性化服务参与竞争，并具有相当的竞争优势。

作为国内少数几家具有自主创新能力、能与国际先进计算机仿真企业相抗衡的本土厂商之一，神州普惠以国防军工为主要市场领域，公司核心技术均为自主研发产品，主营产品拥有完全自主知识产权，整体实力在国内计算机仿真领域尤其是在面向国防军工的计算机仿真测试细分领域处于领先地位。神州普惠确定了产品技术引进和自主产品研发并举的发展策略，积极开发仿真测试与模拟训练系统产品。复杂系统创新平台就是其中最重要的核心产品。

复杂系统创新平台已经在国防领域得到广泛应用，在装备研制、装备测试试验、装备模拟训练三个方向得到了实践。

第一，武器装备复杂度高，在研制过程中，需要对系统的结构和参数反复进行试验和调整，反复迭代改进导致研制周期长，人力物力消耗居高不下的问题。仿真方法已经在装备研制中应用很多年，相对于采用物理实验，仿真实验的方法能有效降低研制成本。复杂系统创新平台最初就是满足装备研制过程中的仿真而设计出来的，在研发前期装备样机模型进行仿真试验，对数据进行反复校验，仿真校验进行设计修正，直到满足前期设计需求后再进行实物研制，大大降低了研制成本。

第二，武器装备的测试试验。武器装备大多比较复杂，造价昂贵，如果直接进行实物实验，费用会很高。利用创新平台，可以构建不同的测试场景和环境，武器装备测试试验在实验室条件下进行仿真测试，测试的组织与实施不受时间和气象条件制约，大大降低相关费用。

第三，模拟训练。创新平台可用于模拟训练仿真，提高部队战斗力的生成速度。模拟训练仿真改变了官兵直接从课堂走向战场的训练模式，大大提升了训练人员的学习效率。创新平台可构建仿真操作模拟系统，使参训人员在操作真实武器装备前就能较好地掌握必备技能，这有效减少了实装培训时间，从而降低了训练对油料、弹药的消耗和装备的磨损。创新平台也可使军事训练的针对性和真实性更强。通过对具体的战场环境、战术背景和敌方兵力进行建模和仿真，让训练人员在和平时期就能体验到较为逼真的战场感受，使演习不再成为“演戏”。

（2）在航空航天领域的应用。航天技术是一项综合性很强的高技术群，荟萃了当今世界上科学技术的许多最新成果。航天技术的发展带动了一系列科学技术的进步，其中包括天文学、地球科学、生命科学、信息科学以及能源技术、生物技术、信息技术、新材料新工艺等的研究与发展，同时各种卫星应用技术、空间加工与制造技术、空间生物技术、空间能源技术大大增强了人类认识和改变。

随着我国北斗卫星导航系统2009年起进入了组网高峰期，北斗卫星导航模拟器在卫星导航应用的推动下将成为我国计算机仿真产品市场的新兴增长点。并且国家对载人航天工程、探月工程、大容量通信卫星、新一代运载火箭、大飞机及其他国家重点飞机型号项目的立项和推进，对数字化设计、系统仿真等计算机仿真技术将有巨大需求，为创新平台的推广和应用提供重要的市场推动力。

创新平台的推广和应用主要包括两个方面：

第一，产品的使用与训练仿真。为了节省训练费用、提高训练效益，国内航空航天装备的训练模拟设备发展也十分迅速。几乎所有复杂的新装备都有使用训练模拟设备。在军队和地方各航空学校都建立了飞行模拟训练机构，配有各类教练飞机的训练模拟器。除民用航空飞行训练的模拟器是进口设备。基于创新平台可构建飞行训练模拟器产品，用于飞行培训体制理论学习、操作训练、任务训练、战术训练和对抗演练。创新平台可以按照用户型号需求进行二次开发，能为用户提供成体系的飞行模拟训练、性能级的多机协同对抗训练和粒度更细的合同演练环境，支持模拟训练的配置管理、信息记录、仿真控制和事后讲评。

第二，工程仿真。创新平台可应用于航空航天新产品的研制开发、生产、过程中，降低研制成本、加快研制进度、降低研制风险。例如，创新平台可用在飞机操控系统、武器装备、综合导航与座舱显示系统、雷达、飞机动力系统等新产品的设计开发阶段和产品需求分析过程（又称产品论证过程）中。立项论证前先与用户进行沟通，采集各类信息，比如飞机的三维设计外形，飞机的控制品质、平显画面等。然后建立仿真模型并进行验证。最后对仿真结果进行效能评估，向用户反馈仿真产生的各类信息，为产品研发设计提供支撑依据。在设计开发阶段，利用创新平台进行仿真模拟测试，大大提高工作效率。利用仿真技术对于设计过程的系统特性分析，在系统没有制造出来之前，就希望对控制系统的稳定性、操纵性进行仿真模拟，直到得到更优良的设计后再进行具体的研发，大大减少了迭代设计与返工。生产制造阶段，利用创新平台可以仿真和模拟生产过程的管理、装配、部件检验过程、虚拟标准样件、软件部件等生产过程，大大提高生产效率，改进生产工艺。

（3）在海洋船舶领域的应用。与航空航天工业相比，舰船行业属于相对传统、古老的技术领域。现代仿真技术可以通过在计算机上进行反复多次的实验运行来取代耗资巨大的物理模拟和实物实验，甚至可以进行受各种原因和条件限制而无法实现的实验和试航，具有投资少、效益高、无风险、可重复、周期短等突出特点，被迅速推广应用到舰船领域的各个方面，使舰船技术得到较大发展。目前，从舰船本身的论证、设计、实验、试航，到与舰船有关的各个系统的配置、设计，甚至舰艇使命任务的确定，作战效能和生存能力的评估等，计算机仿真都成为重要的、必不可少的工具和手段。我国20世纪80年代初才开始进行舰船领域的计算机仿真应用研究，但进展甚快，在较短的时间内便完成了理论研究向实用化的过渡。上海交通大学、海军论证中心、海军工程学院、海军潜艇学院、船总七院、系统工程部等单位都相继从不同的侧面和角度开展研究，现在舰船推进、控制系统设计、作战效能评估等方面的仿真应用研究都已接近或达到国外八十年代同期的先进水平，军事和经济效益日趋显著。

神州普惠紧密结合海军装备发展，积极跟踪国内外先进仿真技术，研制了一系列仿真测试与模拟训练产品，为海军装备的研制、配置、作战效能评估、未来海战和联合作战的模式研究提供有效的支撑。创新平台就是神州普惠仿真与模拟训练的核心产品，可在海洋船舶领域进行应用推广。

第一，可用于舰船动力电力系统的仿真模拟。舰船动力装置如柴油机、蒸汽轮机、燃气轮机等系统设计的复杂性和难度很大，研制过程中往往需要反复多次修改设计方案，导致研制周期长，效率低，而且过程中的风险难以把控。利用创新平台可在装备研制论证阶段构建仿真模型，对舰船动力电力系统设计中的多方案进行仿真模拟，对仿真模拟的数据进行分析比较，直至舰船的动力特性、操纵性、稳定性等指标符合前期设计需求，较好地解决舰艇船、机、桨的稳态匹配问题，使动力统的设计运行更加合理、安全、经济，同时，也大大缩短动力系统的研制周期，减少研制风险，降低研制费用。

第二，可用于舰船总体性能仿真评估和预测，包括结构、水动力特性、操纵性、快速性、机动性等。在舰船使用或投产之前，往往需要知道各种设备在某些参数条件下的运转状态和结果状态，便于在实际航行过程中的操纵控制，可通过创新平台构建虚拟环境，模拟船舶设备在实航状态下的运动状态，并对仿真结果进行性能分析和效能评估，为舰船实航过程中的操纵控制提供数据支撑。

第三，可用于核动力装置的动态仿真，主要解决艇用核动力装置在各种极限、危险工况下的响应特性预测，相应处置措施的效果评估。

第四，可用于特种系统的仿真测试。如舰载机的弹射起飞和滑跃起飞方式研究，舰载机阻拦装置的运动特征仿真等，为重大项目论证决策提供量化分析依据。

第五，可用于监控系统设计及实验结果。通过舰船被控对象及使用环境的仿真，为最佳控制系统的设计整定提供了充足的实验条件和完善的实验手段。

（4）在轨道交通领域的应用。随着城市化的进展和汽车的普及，在世界各国的城市中导致了严重的交通问题如交通堵塞、城市污染、能源浪费、交通事故频发等，这些都对交通研究提出了新的课题。交通需求的上升最直接的解决办法是修建道路和桥梁等城市道路基础设施，但由于直接的经济投入额度较高，建设周期较长，实验成本高，而其所取得的实际效果也往往只是顾及城市某个部分或某个方面交通问题的解决，全面的交通问题依然没有明显好转，甚至还有不断恶化的趋势。随着科学技术的迅速发展，大量的新技术应用于解决交通问题。如GPS 全球定位系统，图像识别技术，计算机仿真技术等。新技术的应用为轨道交通的发展带来了重大变革，大大的减少了工作量和成本投入，提高了交通效率。

交通仿真是一门在数字计算机上进行交通模拟和实验的技术。它是随着计算技术的进步而发展起来的一门涉及多学科的综合技术，采用计算机数字模型来反映复杂的交通现象，对交通随时间和空间的变化进行跟踪描述和分析。运用计算机仿真进行交通分流的分析与研究具有独特的优势，表现在以下几个方面：1）不需要真实系统的参与，可以对规划中或正在建设中的道路进行研究；2）能重复提供同样的道路交通条件，从而可以对不同的分流方案进行公正的比选；3）能不断改变系统运行条件，从而可以预测道路交通系统在各种情况下的行为；4）仿真表达交通信息的多样性和详实性，确保了分析问题的全面性和准确性；5）在建立了交通仿真技术平台之后，可以在第一时间获得全面的道路交通资料，从而可以针对具体问题及时做出正确决策；6）交通仿真可以量化地输出交道参数，从而量化地评价交通分流方案；7）交通仿真动画演示形象、直观，便于发现问题。

运用计算机仿真在交通规划中具有极大的优势，表现在以下几方面：1）高效。进行某一项交通规划，时间、费用等规划资源是有限的，计算机仿真技术的应用大大的缩短了资料整理和分析运算的时间，提高规划的工作效率；2）精确性。交通规划往往涉及某一区域的社会、经济和自然环境的发展，因此，交通规划必须保证高度的正确性。计算机仿真技术能够为决策者提供更加直观、更贴近实际的交通规划信息，为决策者做出正确决策提供依据。同时，由于其高效的数据处理能力，还可以尽可能多的进行多方案比选，找出最优方案；3）简便性。计算机仿真操作十分简单，在系统建模等技术理论上，对操作者没有过高要求，因此，大大节约了培训费用。4）系统的柔性。计算机仿真系统在交通规划中的应用，使交通规划的柔性化程度大大提高。城市交通系统是一个十分庞大、复杂、多因素共同作用的系统，因此城市交通系统各种参数、数据极其不稳定。当运用传统的交通规划方法进行城市道路规划时，由于其模型、算法的固化，当城市交通系统某一影响因素变化时，就需要对整个规划方案进行调整，重新作出评价，这样的一个工作量是非常大的。而计算机仿真技术的应用，只需将变化后的数据输入就可以马上得出分析结果，使决策者能在最短时间内对规划方案进行修正和调整。

创新平台是在计算机仿真技术基础上构建的一体化仿真支撑平台，在轨道交通领域的应用主要体现在以下三方面：

第一，在交通管理控制系统中的应用。为了解决城市交通问题，国内的许多大口城市引进了国外先进的交通管理控制系统，同时，也开展了对城市交通理论的研究。但就我国目前交管系统内部对交通管理的研究方式来看，还存在着理论研究和实际应用之间缺乏一个良好的、有效连接方式的实际问题，特别是对于理论研究的实际结果是否适合本地的交通环境和交通特点，缺乏相应的交通模拟仿真、数据在线分析和交通影响评估等重要的技术手段。创新平台包含了需求采集与本系建模、仿真模拟测试以及效能评估和数据存储等软件，以交通管理控制系统及其作用目标和交通场景为仿真测试对象，以兼容数字和半实物的分布式仿真机制构建可重用、可扩充和易交互的仿真系统，对典型交通环境中交通控制系统的信息获取、处理、交互、综合以及管控等工作过程进行动态仿真，验证和评估交通管理控制系统的功能和性能，为交通管理控制系统的技术研究、交通理论研究、测试验证及性能评估提供仿真实验环境和数据支撑。

第二，在交通运输中的应用。城市快速轨道交通系统是近代高科技的产物，是目前解决城市间人员流动的最佳途径。由于轨道交通基建设备系统复杂、投资巨大，进行实际线路实验困难，人工计算工作量巨大，且难以到达计算精度和实效要求，因此采用计算机仿真技术进行先期参数估算具有独特的优势。

随着人们交通工具的先进化、普及化，交通事故也有频频发生。在交通运输的复杂系统中，包含着人、车与路三个基本要素，因此，对交通安全的分析，也应该立足于人、车、路三个基本方面，同时也要兼顾其他因素对交通安全的影响。创新平台可通过构建模拟的交通路段，并在这个模拟的交通路段中分析导致交通事故的因素，并对交通安全水平进行的全方位、多层次的评价。对某区域的交通安全评估上，创新平台不仅仅使用绝对数法和事故率法来评估，它还将该区域人们的交通意识与行为因素也整合其中。在模拟的交通路段中，可以选择任意的交通工具，设计任意的路段环境，以旁观者的视角来进行交通事故实验与分析，进而对交通路段做出相对准确的安全性评估，为交通安全事故评估提供了一种可靠的方法。

第三，在设备工程研制中的应用。汽车、高铁等轨道交通复杂系统在投产前要经过大量的实验进行各项测试实验，由于系统结构复杂程度高，对原设计不断的修正往往会耗费大量的物力和时间。计算机仿真技术可以对设备各种状况进行模拟仿真、修正、完善设计，能够提高效率，缩短开发周期。例如，汽车实车碰撞实验是评价汽车安全性最直接和最有说服力的方法，是新产品开发必须进行的实验。但实车实验费用昂贵，难以进行多次重复实验，利用创新平台可以构建汽车虚拟样机对汽车碰撞安全性能进行仿真测试，并对输出结果进行分析和效能评估。当仿真测试结果符合前期设计需求后，再进行实际装车实验，有效缩短了设计开发周期、节约了人力物力成本，也避免了实车实验的损耗。

（5）在电子领域的应用。随着电子产品日新月异的发展，更新换代的时间越来越短。为了快速适应市场需求，技术人员开始应用新型的开发方式来进行电子产品的开发。电子电路仿真技术的发展，使得新型开发方式的应用形成了现实。

创新平台是在计算机仿真技术基础上发展起来的，可在电子领域进行推广和应用。

第一，可用于电子产品开发设计中。电子产品开发注重的是实践，开发过程十分复杂，需要经过不止一次的设计与制作，也要经过不止一次的调试与修改，研制周期长，往往研制出的电子产品性能可能不会符合要求，最终的设计方案也可能会存在着各种缺陷。电子产品由大量的电子元器件组装起来实现设定好的功能，在进行新产品研发时，这些器件是否能正确地实现所设定的功能，器件与器件之间是否配合得当，是否存在干涉和干涉的部位，怎样选择各种机构组合方案来更好地满足设计标准，这些都是电子产品亟需解决的问题。创新平台可以构建一个机构运动仿真系统，在虚拟环境中设计好的装配体可以模拟演示机构的运动。设计人员只需要设定主元器件，在仿真过程中依据装配的关系自行主动来计算机构中的元器件，并能自动增添附加的其他电子元器件，直至各机构组合方案符合前期设计标准，最后再进行实装研发和测试，大大缩短研制周期，减少了研制成本。

第二，可用于电路功能的验证。电子产品系统开发方案设计完成后，对其可行性需要进行验证，以此确保电子电路设计符合技术标准要求。利用创新平台构建虚拟样机，对电子产品系统是否具有可行性，电路功能是否出现误差，无法应用等方面进行仿真测试，有效减少电路设计期间设计人员可能存在的各种问题，减轻了后续工作者的工作量，使得产品设计质量大为提高。同时，平台对仿真测试结果进行评估和数据存储，为今后的电子产品设计提供依据。

第三，电路特性的虚拟测试。利用创新平台在计算机上模拟各种恶劣工作环境和各种极限参数条件，从而得到电路的极限工作状态。比如通过仿真得到高温环境下或高电压、大电流参数条件下电路的工作特点，对未来可能出现的电路极限工作状态、实际电路的设计和生产很具有指导意义。

复杂系统创新平台的设计初衷是满足用户差异化的创新研发需求。随着行业的发展新技术的出现，平台作为一个工具集，需要与时俱进的进行自身迭代以更好的支撑用户的需求促进行业发展。

5.2 复杂系统创新平台的应用案例

5.2.1 案例一

5.2.1.1 综合识别仿真验证系统的开发——项目概要

准确、及时的目标识别一直是战场上的重要元素之一。随着现代武器系统精度、射程和杀伤力的提高，目标识别已经成为一项更具关键性的要求。识别不仅能够减少友好火力误伤，尤其是不对称战场上的误伤，而且可以提高友好部队的防御能力，增强进攻能力，提高总体作战效率。故快速、准确及可靠地识别战场目标显得十分重要。

作为智能化多源数据信息融合中的重要组成部分，目标识别技术在雷达智能化、信息化中起到重要技术支撑作用。目标属性识别尤其是目标敌我属性识别是取得战场控制信息权的关键因素之一。在信息战条件下，作战环境十分复杂，作战双方都在采用相应的伪装、隐蔽、欺骗和干扰等手段和技术，进行识别和反识别斗争。因此仅仅依靠一种或少数几种识别手段很难准确地进行目标识别，必须尽可能利用多个和多类传感器所收集到的多种目标属性信息，综合出准确的目标属性，进行目标综合识别。

传统敌我识别依靠二次雷达，受二次雷达探测能力、可靠性、辨识能力等能力的限制，在信息化作战中，无法充分发挥作用。针对现状，提出新一代综合识别处理系统，充分利用雷达、电子战、二次雷达及数据链内多机协同信息，通过单机多传感器、多机武协链内分享的多源信息关联融合，完成对作战区域内敌、我、友及中立的空面目标的类型判定、属性识别、状态跟踪、威胁判断，分析敌方攻防意图，辅助战场综合态势感知，为作战决策提供支撑。

为加速新一代综合识别处理系统研制进程，验证新一代综合识别处理系统功能的可靠性、技术先进性、架构合理性、战场可用性，在实验室条件下对战场综合识别及处理体系进行全面的功能和性能验证，引入复杂系统创新平台，构建综合识别仿真验证系统。基于该系统，可模拟和验证在典型作战识别场景、识别对象和传感器配置等条件下，我军空中作战平台以及多平台协同识别的综合处理架构、模式和关键技术，评估综合处理的性能，支撑综合处理的工程化设计，满足空海目标综合处理技术演示验证等任务的需要，推动综合处理技术的发展，提升我军新一代综合识别处理系统装备研制进程。

5.2.1.2　问题描述

在新一代综合识别处理系统的开发过程中主要存在三方面的问题：

（1）需求不明确：随着各项技术的发展，现代战争的形式日趋多样化，是陆海空天电一体的体系化作战，在不同的作战场景下，对装备的配置、作战的编成、各单位的协同，都提出了更高的要求；综合识别系统在不同的作战场景下，应当具备什么样的能力，达到什么样的效果，对于装备研制人员来说，难以刻画和描述。

（2）系统复杂度高：由于装备隐身技术、电子干扰技术等领域的发展，传统二次雷达敌我识别系统面临着越来越大的挑战，新一代综合识别系统结合雷达探测、光电、红外、成像等技术对目标进行综合判别，与电子战系统、航电系统进行深度集成；由此也导致了系统复杂性、集成化要求快速提高，研发周期拉长，在反复设计、研究、试制等系列研发过程中往往浪费大量的人力物力成本，过程中的风险也难以把控。

（3）数据的重用性差：后续综合识别系统的研制和升级时因缺乏有效的数

据支撑，导致部分方案需要重新设计开发，严重降低了功能研制和型号生产的效率。

5.2.1.3 解决过程

针对新一代综合识别处理系统开发过程中存在的问题，同时加速系统研制进程，引入复杂系统创新平台。

（1）采集需求：根据综合识别仿真验证系统总体论证、总体设计、系统综合集成等研制任务的目标，对多子系统联合仿真进行需求采集和分析，并制定采集模板，下发到各个相关部门，从不同角度对需求进行全面定义，从很多需求之中真正凝练出本质的需求。但各需求之间存在矛盾，用 TRIZ 进行需求矛盾分析，确定出可行的需求，提高需求的精准度和可行性。

（2）体系建模：根据需求采集工具输出的结果，基于体系建模工具和可重用组件开发方法，遵循统一的模型体系结构、描述规范和技术标准，采用基于信息系统的可扩展建模仿真框架，在不同仿真应用间共享数据、模型等资源，建设可扩展的模型组件和模型装配工具，形成开放的开发环境，支持各类硬件、软件和信息有机地结合在一起，构建完整的体系模型。同时，在建模阶段，引入工业工程方法，在仿真的初始阶段及早发现问题，若发现体系建模与需求存在偏差，则退回到需求管理环节进行需求的验证与优化，直至满足需求，有效减少迭代周期。

（3）可视化演示验证：在动态场景下，提供二/三维场景以及部分实景地图场景的识别结果展示，包括载机及被识别目标平台分布、载机的波束效果、目标被发现状态等，同时可以在不同坐标下转换展示，具备观测局部细节的能力。通过展示具体的场景、实地部署，验证系统设计方案的科学性和合理性，最终作为后续仿真实验的输入。

（4）仿真测试：在典型的作战背景和作战想定驱动下，模拟各种兵力实体，包括飞机平台、各类传感器、通信、信息对抗等，获取近似真实作战环境下的交互信息和数据流，为综合识别仿真子系统评估提供实验运行所需的各种外部激励数据，最终实现综合识别系统仿真和验证的目的。

（5）效能评估：对仿真测试输出的数据进行仿真回放，并按照评估指标体系及评估方法对采集的数据进行评估分析、投影展示评估结果、生成评估报告。通过效能评估可对系统设计的合理性进行决策分析，提出改进方案，然后重新执行仿真资源开发、仿真部署运行、数据分析和效能评估等系列仿真流程，如此反复迭代，形成仿真闭环，最终达到综合识别系统仿真和验证的目的，为装备实装系统提供充分的技术保障。

（6）数据资源管理：将仿真测试数据和其他相关数据进行统一归档和管理，

并进行模块化操作，形成企业级数据库，便于后期搜索和查询，有效增强数据的重用性和共享性，为后续综合识别系统的研制和升级提供数据支撑。

5.2.1.4　解决方案

根据仿真测试得到的数据，进行综合识别技术的开发和装备的研制，并验证装备功能的可靠性、技术先进性、架构合理性、战场可用性。避免了技术开发中期反复更改方案和参数，大大减少了人力、物力、财力的投入，加快了综合识别技术的研发进程。平台也形成了对综合识别系统工程开发模型的积累，后续综合识别系统开发可以直接从模型库中调用数据，直接采用模型库中的方案和进程，部分设计方案不需要再进行重复仿真和验证，加快了后续综合识别系统功能研发和升级的进程。

5.2.1.5　方案成效

在需求采集阶段应用TRIZ方法进行需求矛盾分析，提高研发设计需求的精准度。研制的综合识别仿真验证系统能有效实现在战争中快速决策，大大降低误判率；在体系建模阶段进行流程仿真，把系统的流程问题在前期就发现并解决了，在仿真系统建模前对系统进行评价，从而大幅缩短了迭代周期。有效缩短研制周期数月。保证了型号任务的如期完成，节约了研发经费。

5.2.2　案例二

5.2.2.1　无人机模拟训练系统的研制——项目概要

各国军事部门将模拟训练作为军事训练必不可少的手段之一，并且加以重点发展。经过多年的发展，我军在训练模式上已经实现了传统方式的突破，由应试性训练向应战性训练转变，由静态报板训练向动态模拟训练过渡，由单操控手训练向联合作战训练过渡，初步实现了实装训练与模拟训练的有机结合。大多数军兵种部队建立了信息化的模拟训练系统，依托信息技术和计算机仿真技术，从指挥、控制、通信、侦察各个专业层面为指战员提供了足不出户就可实施专业训练的环境，为提高指战员的素质和部队战斗力发挥了应有的作用。无人机装备是一种由无线电遥控设备或自身程序控制装置操纵的无人驾驶飞行器。它具有环境适应能力强、机动性能好、效费比高、用途广泛、无人员伤亡风险等多种优势，在现代战争中得到越来越广泛的应用，是世界各国争相发展的高新技术装备。随着大量新技术在无人机上的应用和智能化程度的提高，无人机将实现从地面、水面、车辆、舰船、潜艇、飞机、航天器等平台上起飞或回收，集侦察监视、情报传输、电子对抗和火力打击于一体，能够独立或与有人系统协同执行任务，成为主导现代战争进程、改变战争形态的重要装备。因此，研制功能完备的无人机模拟训练系统具有重要的军事意义。

本项目基于复杂系统创新平台和分布式实时通信中间平台 AppDDS，研制开发一种新型无人机模拟训练系统。该系统可用于飞行人员对飞行过程中无人机发生的特情进行处置训练，可用于无人机地面操作人员飞行操作和载荷操作训练等，具备开放式的特情处置功能、全面的对抗训练功能和完善的训练效果评估功能。而 DDS 的引入能实现数据实时和按需分发服务，使得整个系统和平台中某一个节点的变化能够及时地被其他相关的节点感知和获取到，从而及时地做出响应，满足实装和虚拟模型的联机调试和运行控制的目的。无人机模拟训练系统的成功研制大大减少实装训练受场地、空间和气候条件的限制，减少实装训练人力、物力和财力的大量投入。

系统还可用于实现实装飞行数据的复现，飞行复现时，用户通过界面选择飞行履历和对应的数据集进行可视化复现；用于新研 A/B 两型任务机的飞行控制律算法仿真验证，为无人机型号研制提供数据支撑，能大大缩短研制周期，加快型号研制进度。

5.2.2.2 问题描述

无人机装备是集成了光、电、机、计算机等技术于一体的一种技术含量高、构成复杂的新型装备，其无人机地面操控手的技能与水平是制约无人机战斗力最重要的因素，如果操控手不能得到经常性、系统性的实装训练，已有的经验也会慢慢“遗忘”，操作技能与操作水平的增长滞后乃至脱节于熟练操作装备的需要，这不仅会导致装备作战效能得不到充分发挥，而且还将带来极大的飞行安全隐患。同时，随着无人机技术的崛起和迅猛发展，国内外把研制重点基本上都放在了无人机空中平台、任务设备及飞行控制软硬件的性能和可靠性上，但在如何提高操作手在常规和故障情况下完成任务方面，其发展一直相对滞后。因此，需要研制一种适用性强、功能强大的无人机模拟训练系统，不仅具备全面的对抗训练功能，而且具备特情处置功能，以实现对无人机系统操作手进行常规和特情飞行训练，提高操作手及时发现特情、妥善地处置特情并完成飞行任务的能力。

但新型无人机模拟训练系统在研制过程中主要存在以下问题：

第一，无人机系统复杂，存在着多个子系统，而任何一处故障都会导致无人机无法正常运行。因此在无人机模拟训练系统研制过程中往往需要对无人机系统进行反复论证和修改，导致研发周期长、研发成本高。

第二，现代化无人机都是实装训练与模拟训练的有机结合，以覆盖全面的训练技能，因此研发的新型无人机模拟训练系统中有虚拟的模型和实装的模型，这给设备的连接带来一定困难。

第三，新型无人机模拟训练系统不仅要具备操作训练功能，还需要为后续研制算法提供支撑数据，需要强大的数据储备功能。

5.2.2.3 解决过程

针对研发过程中存在的问题，引入复杂系统创新平台建立仿真模型，实现模拟训练、仿真验证和效能评估，并实时储存和按需分发数据。

首先，采集需求：通过需求采集工具对无人机装备的功能要求、战场的行为模式等进行采集和管理。在各用户群体对无人机模拟训练的需要多样繁琐，需求之间存在矛盾，利用TRIZ方法进行需求矛盾分析，从很多需求之中能够真正凝练出本质的需求，提高研发设计的精准度和可行性。

然后，仿真测试和模拟验证：构建战场仿真环境，建立仿真模型，若发现体系建模与需求存在偏差，则退回到需求管理环节进行需求的验证与优化，直至满足需求，即在仿真的初始阶段及早发现问题，有效减少迭代周期。基于模型进行作战场景规划和想定，根据规划的目标航迹、场景模型等信息，利用典型视景仿真工具进行想定态势的二维和三维展示，实现光电、红外、雷达等传感器的图像虚拟生成；基于想定任务规划得到的仿真方案，模拟对抗战场环境下的任务包括侦察、情报、攻击等任务在内的任务仿真模拟和测试。在此过程中引入AppDDS，实现实装和虚拟模型联机调试和模拟运行控制。

AppDDS是一套完全符合OMG发布的DDS（Data Distribution Service，数据分发服务）标准规范的分布式实时通信开发平台，由数据分发服务、路由服务、持久性服务、数据采集与回放服务、实时连接服务、组件建模工具、适配器编辑工具组成，支持以数据为中心的发布-订阅框架，支持消息交互的高可控和强大的服务质量参数设置。能充分解决分布式实时网络系统“在正确的时间、正确的位置获取正确的数据”的需求，实现了数据分发服务的“强实时性”、“灵活性”和“高质量”；支持多种平台、多种语言之间数据互联；支持可视化建模和代码自动生成；具有较强容错能力，消除单点失效；适用于复杂数据流，可以出来一对一、一对多、多对一、多对多等不同协议的数据流；利用先进的网络协议、采用精细的数据拷贝策略和存储机制，提供更高的吞吐量和更低的传输延迟；提供丰富的接口，可无缝与其他数据处理平台集成。

最后，对仿真结果进行效能评估：对无人机飞行数据、多机编队算法等仿真数据构建合理的指标体系，针对每个指标给出具体的设计方案，获取实验数据并进行数据预处理，根据评估方案构建计算任务并执行分布式计算，对评估结果进行趋势分析，评判仿真设计方案性能是否满足前期设计需求。

同时，复杂系统创新平台还具备数据资源管理功能，可以将无人机真实飞行数据和模拟训练数据转换成标准格式，输入到数据库当中进行记录保存，建立起企业级的应用仿真数据库，实现仿真数据信息的持续积累和巩固。

5.2.2.4 解决方案

该系统平台在仿真环节加入了 DDS，实现了实装和虚拟模型联合调试和运行控制，使实战中的很多问题能在模拟训练得到充分验证。平台积累的大量真实飞行数据和模拟训练数据，能用于飞行复现，通过用户界面选择飞行履历和对应的数据集进行可视化复现；数据还可用于支撑无人机某型号的研制工作，为算法开发提供数据支撑，缩短研制周期。

5.2.2.5 方案成效

无人机模拟训练可用于支撑操控手经常性、系统性的模拟训练，保障操作技能与操作水平能充分满足操作装备的需要，大大提高装备的作战效能，极大避免飞行的安全隐患；还可用于我国无人机装备训练理论研究、训练方法的开发以及训练效果的综合评定，促进构建有人与无人相结合的完整训效研究体系。

平台上积累的大量数据，可用于支撑某型号无人机型号的研制工作，有效缩短了研发周期约半年，降低用户的研发时间成本；同时，系统提前装备部队，保证了训练任务按时完成，具有巨大的军事价值。

5.2.3 案例三

5.2.3.1 体系效能仿真平台开发——项目概要

21 世纪，太空已成为新的战略制高点，世界各国纷纷加大对航天工业的投入。我国航天器的研制也进入了快速发展的轨道，急剧的任务增加和高密度发射，使得航天器的研制项目已经成为关注重点。对新型航天器项目的实验和评估，可以早期发现和纠正存在的缺陷和问题，为改进航天器的性能，完善研制项目监控，保障用户的最终使用提供至关重要的信息。为了保证日益增长的航天器型号研制任务能够顺利进行实验和评估，特别是进一步推动评估的内容及要求，开展航天器研制项目的效能评估方法的研究对中国航空航天事业的发展具有重要意义。

本项目为服务于航天器体系型号研制、体系论证任务和各类战略规划，基于成熟的体系仿真与效能评估一体化平台，研制开发航天器体系效能仿真平台，促进了航天器体系效能仿真能力建设。该平台是在复杂系统创新平台基础上，构建虚拟的体系仿真实验环境，对实际的或设想的航天器体系、多航天器系统或天地大系统中的空间段，进行动态仿真实验、分析和效能评估。平台采用面向仿真组件开发的方法，支持组件组装，提供仿真应用开发，运行所需的一系列工具，能够与第三方仿真工具集成，构建了全新的开放式一体化仿真开发体系结构，提高了仿真模型的重用性，优化了仿真开发流程，简化了仿真模型的开发过程，降低了仿真开发难度，使用户无需了解复杂系统技术细节即可进行仿真应用开发；同时，平台还引入分布式通信中间件 DDS 将各种类型的实验数学模型接入系统，有效地实现体系仿真要素的互联互通。

本项目主要研究内容是模拟和分析航天器体系在整个天地一体化的大体系中体现的应用效能和整体指标，通过航天器体系级或系统总体级效能评估、多方案比较，实现在技术可行性和工程可实现性约束下的体系应用效能最大化，从而支撑航天器体系论证、顶层方案设计、系统立项论证、体系或系统设计方案优化，为用户或上级机关提供评估服务和决策支持。

5.2.3.2　问题描述

新一代航天器系统庞大、结构复杂，带有多个大型柔性附件、运动部件。这类航天器大都是典型的多体、柔性系统，具有多级控制和变结构的特征，动力学特性复杂，但指向精度又要求较高。航天器结构复杂性和星体本身的多学科性导致系统型号研制周期长，型号生产无法按期完成；体系论证和战术训练过程错综复杂，难以实现数据互联互通，给训练效果的综合效能评估造成一定阻碍。因此，急需构建一套的体系效能仿真平台，对航天器体系进行动态仿真实验、分析和效能评估，为系统型号研制提供数据支撑，为用户或上级机关提供评估服务和决策支持。

5.2.3.3　解决过程

航天器体系效能仿真平台是在复杂系统创新平台基础上进行二次开发，利用平台中的六个软件模块构建分布式仿真及评估开发环境。需要在仿真前完成目标、平台、装备的需求采集、建模，完成想定开发，完成参数的配置。仿真中需要对模型资源进行部署和运行仿真，仿真运行的同时记录仿真数据，仿真后对仿真效果进行效能评估和仿真数据的存储管理。

（1）需求采集：综合考虑航天器结构复杂性及星体本身的多学科特性，对卫星、雷达、数据链、无人机、战斗机等天基体系仿真的需求进行采集。在需求采集过程中，应用 TRIZ 方法进行需求矛盾分析，提高研发设计的精准度和可行性，并用快速需求采集工具进行需求采集与管理。

（2）体系建模：根据需求采集工具输出的数据，将数字模型批量生成仿真实体，构建仿真模型，支持用户自定义数据类型，支持仿真实体间的数据交换关系定义。在此阶段引入工业工程方法，对关键过程进行评估，若发现体系建模与需求存在偏差，则退回到需求管理环节进行需求的验证与优化，直至满足需求，即在仿真的初始阶段及早发现问题，有效减少迭代周期。

（3）可视化演示验证：基于三维空间下的可视化场景规划和想定，根据规划的目标航迹、场景模型等信息，利用典型视景仿真工具进行想定态势的二维和三维展示，动态推演航天器的运行轨迹和载荷工作原理。作战想定制作主要完成对单舰作战任务的作战编成、航迹规划等部署工作及仿真中的态势显示。在实体编辑器中，建立想定中需要的实体，为不同类型的实体选择不同的兵力插件类型，为实体添加军标、模型等可视化显示效果。在想定编辑器中，通过作战编成，建立红蓝双方指挥关系及数量信息；将兵力实体拖拽到三维地图上完成兵力部署；对于有初始航迹的兵力，如巡逻的舰船、飞机，可以规划航迹并与兵力绑定；同时可以添加标绘信息用于表明作战意图，完成三维场景的编辑。

（4）仿真测试：基于想定任务规划得到的仿真方案，在一个集成环境中进行仿真实验，采用蒙特卡洛实验原理，在统一的实验规划平台上，进行大样本的仿真实验，并得到和存储大量仿真实验数据。该阶段覆盖了从仿真模型开发、仿真想定制作、仿真实验设计、仿真部署、仿真运行、态势显示到仿真数据记录等系统仿真的各个阶段，实现了对系统仿真应用全生命周期的支持，可以进行连续多趟仿真和人在回路的单趟仿真。

（5）效能评估：基于体系设计中的能力指标设计建立卫星效能指标体系，利用仿真过程中产生的实验数据，进行卫星的效能分析评估，为天基体系的评价和优化提供定量依据。效能评估是本项目的重要环节，即根据评估需求，选取待评估作战的指标，并构建指标体系，为指标设置类型和权重等信息；选取已有算法或自定义新算法，创建评估方案，说明如何通过最底层子指标的层层计算，得到最终的整体效能；通过仿真数据库、专家打分等方式，获取评估的最原始数据，并将数据赋予评估方案相应位置，创建评估任务；执行评估任务后，工具会在指标体系的结构下，利用评估算法对原始数据进行运算，得到最终效能结果；可以查看评估结果，也可生成各种格式的评估报告，并通过全生命周期评估、相关性与独立性分析及敏感性分析对评估结果进行相应分析工作。

（6）资源管理：对仿真测试数据进行统一归档和维护，数据互联互享，为航天器系统型号研制提供数据支撑。并可利用数据分析工具可获得影响仿真的敏感性因素、数据变化趋势等信息，为用户或上级机关评估和决策提供数据支撑。

5.2.3.4 解决方案

基于复杂系统创新平台的基础上，通过二次开发，构建满足不同需求的卫星作战体系仿真实验环境，平台上的应用通过分布式通信中间件 AppDDS 将各种类型的仿真实验数学模型接入系统，有效地实现体系仿真要素的互联互通。

体系效能仿真平台通过实验模型构建、实验方案规划与评估、实验资源调度、实验过程管控、实验态势展示、实验数据采集、实验数据分析、应用效能分析与评估等一体化的实验过程，在具体应用条件下对航天器体系进行全面的综合性仿真分析与实验评估，最终达到对以卫星通信系统为基础的天基信息系统进行科学、有效、定量地体系仿真与效能评估的目的，为卫星作战体系设计、研制、实验、使用及优化等各个阶段的工作提供数据支撑。同时，平台对于模型的扩展性、维护性提供了非常便利的条件，是一个研究侦察监视相关领域工作的通用的开放式平台。

5.2.3.5　方案成效

体系效能仿真平台的开发和应用直接提升了新一代卫星体系仿真建模能力，可模拟和验证在典型卫星作战场景，我军太空及近地作战平台以及多平台协同作战，满足基于卫星战场的空海目标综合演示验证等任务的需要，推动新一代卫星研制技术的发展，提升我军装备的研制能力。同时，在通信卫星体系效能仿真系统型号研制中，缩短了迭代周期，保证了型号生产按期完成。

5.2.4　案例四

5.2.4.1　潜艇作战系统的研制——项目概要

随着各国将经济发展重点转移到海洋，作为海军作战主要兵力之一的潜艇技术研究成为重中之重。因此，与之密不可分的潜艇作战系统也成为各国关注的重点，越来越多的新技术被应用到潜艇装备系统中，对潜艇装备系统性能的提高和完善起到了巨大的推动作用。潜艇装备系统在机动能力、攻击能力、隐身性能以及探测能力等方面获得了长足的进步，世界各国海军普遍感受到了潜艇装备系统所具有的军事威慑作用，同时这也使得作为高新技术缩影之一的潜艇装备系统也变得日益复杂和昂贵。我国海军在提高近海作战能力的同时，正在积极实现近海防御和远洋防卫相结合的战略转型，在未来一段时间内承担的主要作战任务仍然是针对西方强国介入情况下的对台军事斗争，海洋权益维护，收复被占岛屿等。作为海军一体化体系重要组成部分的潜艇作战系统，是远海、远洋作战的海上主要战斗力量。

潜艇作战系统是指潜艇平台上用于执行警戒、跟踪、目标识别、数据处理、威胁估计及控制武器完成对敌独立或协同作战的各要素及人员的综合体。系统组成非常复杂，包含了作战系统各个方面的技术性能参数，对作战系统效能评估的分析与研究，有助于我们掌握战场环境下作战系统的整体性能，明确使用价值，可为作战系统指挥决策、装备系统优化提供可靠依据，为提高作战系统的作战能力创造条件。为满足潜艇作战效能分析评估需要，基于复杂系统创新平台上的各工具软件，并通过定制开发参数配置和总控界面等软件，构建一套应用于潜艇效能仿真和评估的通用、开放式论证平台。基于潜艇作战仿真和效能评估论证平台，设计潜艇典型作战应用案例，并实现相关仿真模型的建模和开发、评估算法开发，通过不同作战想定背景、不同装备参数设定，对多样本仿真结果进行分析，支撑形成作战效能分析结论，为作战系统指挥决策提供可靠依据。

5.2.4.2 问题描述

潜艇作战系统研发过程中主要遇到两方面的问题：

（1）作战系统的组成非常复杂，主要由声呐、导航、通信、作战指挥及武器控制、雷达、电子侦察、光电等分系统和设备组成。系统复杂度和集成化度较高，导致研制周期长、研制成本高。然而，由于国防需求的牵引以及激烈的市场竞争，不仅对潜艇作战系统体系结构、功能、性能指标和质量提出了更高的要求，而且还相对减少了研制经费，压缩了研制周期。这样，迫使公司不断采用新技术和新方法，更新研发工具和手段，既能不断满足市场对潜艇作战系统的需求，又可大大提高企业的竞争能力。

（2）在和平时期，一般通过组织军事演习或实验才能对潜艇作战系统的功能、性能进行检测，其演习难度和费用都会很大。目前，潜艇作战系统仿真手段发展较慢，过去对某项设备/某种算法的验证我们一般采用人工计算或单平台数学仿真的方法，只能做到对潜艇作战系统的局部进行仿真，无法为作战系统指挥决策、装备系统优化提供全面可靠的依据。这就迫切需要新技术新方法以解决现存的问题和矛盾。

5.2.4.3 解决过程

为解决潜艇作战系统研制过程中遇到的问题，引入了复杂系统创新平台，平台使用从顶层设计、仿真建模开始、到仿真运行再到效能评估，覆盖仿真前、中、后的一体化使用流程。

（1）方案设计：采集用户群体对潜艇作战系统体系结构、功能、性能指标和质量等各方面要求，构建指标体系、设计总体技术方案，用管理工具对方案进行逻辑分析和管理，提高需求的精准度。

（2）体系建模：基于需求采集输出的数据，选择能准确描述作战系统的指标，计算各指标在不同作战任务下的指标权重，建立作战系统总体技术方案模型，若发现体系模型与需求存在偏差，则退回到需求环节进行重新设计与优化，直至满足要求后生成仿真样本文件，作为仿真运行的输入，从而减少仿真次数。

（3）仿真测试：想定典型作战任务，构建作战仿真场景。基于想定，在一个集成环境中进行仿真部署方案的规划与管理、通信协议配置、模型资源部署及运行控制。并结合可视化演示验证工具，在动态场景中展示系统在典型作战环境下的战场态势及对抗效果，支持规划实验任务，可视化选择仿真计算节点和仿真模型，每个计算节点部署的实验内容、仿真成员个数，实现对仿真运行过程进行有效控制，实时监视各仿真节点的运行状态。并以仿真评估需求为依据，对实验条件、实验方法、实验因子进行设置，获取近似真实环境下系统运行过程数据。

（4）效能评估：对仿真实验数据进行分析预处理，根据评估方案构建计算任务，执行评估计算，进行指标分值计算、指标敏感性分析，生成评估报告。并建立评估案例，进行作战系统效能评估实验、获取实验数据，分析实现结果，验证方法模型。

（5）数据存储：将仿真过程实现的数学模型、过程数据等仿真资源进行实时存储和管理，可针对不同类型的仿真验证实验进行模块化的资源操作，支持平台上的各工具资源进行互联互享，高效运行。

5.2.4.4　解决方案

基于复杂系统创新平台，在进行潜艇作战系统总体技术方案论证的同时，可通过作战效能评估对新型潜艇作战系统的多种研制技术方案进行综合分析，预计所发展的潜艇作战系统的基本作战能力的高低，得出多种不同研制方案，并对多种研制方案的优劣提出建议，最后可择优选择合适的效能评估方法，大大缩短了研制周期。同时，平台还积累了大量的潜艇作战应用案例和评估方案模型，为后续系统研制和升级提供方便，加快研制进度和研制质量。

5.2.4.5　方案成效

引入复杂系统创新平台后，大大缩短了研发周期，使型号生产提前完成，促进部队迅速形成战斗力，具有较大的军事效益。

5.2.5　案例五

5.2.5.1　电子对抗指挥模拟训练系统研制——项目概要

电子对抗亦称电磁对抗，也叫电子斗争或电子战，即战争对立方在电磁波领域内进行的一种无形的然而又是激烈的斗争。电子对抗是现代战争中战斗力的重要组成部分，其目的是削弱、破坏对方电子设备的使用效能，保障己方电子设备效能的正常发挥，为赢得战争胜利创造条件。

进入21世纪，多种安全威胁并存的时代特征越来越明显，为抢占新军事变革独有的战略主动地位，欧美等发达国家寻求加强核心电子对抗作战能力，加紧研发“速度更快、信息含量更高、毁伤效能更大”的电子战平台，遂行军队作战任务应具备的综合战斗力。经过几十年的发展，美三军都已经建立了各自专用的电子战实验场，配备了各种先进的实验器材；美军基于逻辑靶场框架（TENA）测试和训练能使框架将海陆空三军电子战训练基地及全国几十个训练基地互联互通，构建联合作战使能环境（JMETC），将实装、半实物模拟器和虚拟仿真资源引入电子战指挥模拟训练，能提高对抗的真实性和复杂度。我军某部组织研制了某型电子对抗模拟指挥训练系统，可对电子对抗指挥战术、战法进行静态作业推演，并进行了逻辑靶场训练，但总的来说我军电子对抗指挥模拟训练起步晚、进展慢。基于此，我军迫切需要建设能全要素、全流程训练和提高各级指挥人员综合指挥能力的电子对抗指挥模拟训练系统。

电子对抗指挥模拟训练系统主要用于开展我军电子对抗部队指挥训练，以电子对抗部队现行指挥模式为依据，通过构建虚拟战场环境，培养受训对象运用正确科学的指挥方法开展指挥活动，提高电子对抗部队指挥员及指挥机构的指挥控制能力和谋略战法水平。

本项目基于复杂系统创新平台，采用“一体化平台构建的群与分群指挥系统 + 兵力控制席 + 虚拟兵力”的虚实结合方法，集训练环境、实战环境、对抗指挥课目与对抗效果评估于一体，构建支持联合防空、野战防护等多种作战样式下不同训练课题的电子对抗指挥训练通用平台，解决目前“缺背景、无对手、难评估”的指挥训练瓶颈问题，提供成体制、成建制组训方法，逐步形成全流程、全要素组训体系。系统由指挥系统、导控系统、模型系统、综合运行支持系统、公共数据服务五个基本部件构成，构建电子对抗群、分群两级指挥关系，其中：指挥系统是指挥员静态指挥作业和动态综合对抗训练受训环境操作环境；导控系统是组训人员的操作平台，提供训练筹划、导调、裁决、评估、管理等服务；模型系统模拟信息作战装备的主要功能；综合运行支持系统为全系统提供仿真运行环境，并为模拟训练提供核心支撑服务；公共数据服务以仿真数据库和训练数据库为基础，为全系统提供数据资源的管理、维护和扩充，服务于训练环境的构建。

5.2.5.2　问题描述

本项目电子对抗模拟训练系统在研制过程中存在如下问题：

（1）系统由指挥系统、导控系统、模型系统、综合运行支持系统五个部件构成，多系统之间紧密连接、相互影响，导致体系结构错综复杂。

（2）我军电子对抗模拟训练可对电子对抗指挥战术、战法进行静态作业推演，并进行了逻辑靶场训练，但缺少贴近实战条件下的电磁信号环境和进行战术应用训练以及训练效果评估。这些又是训练中最重要的内容，因此研制的模拟训练系统应能满足实现不同复杂战场环境下的战术训练和训练效果评估。

（3）现代高技术条件下电子对抗的主要特点是战场空间的电磁环境更为密集且交叠、频谱范围十分广阔、对抗手段复杂、对抗实现难度较大、战场信息复杂、影响电子对抗的因素很多等。这些特点导致不同层级的指挥人员和受训人员对电子对抗模拟训练系统的功能需求复杂多样，而且不同需求之间还互相存在矛盾，给模拟训练系统的研制带来一定困难。

5.2.5.3 解决过程

针对研发过程中存在的问题，引入复杂系统创新平台，覆盖电子对抗装备模拟训练的全生命周期过程，从需求采集、体系建模，到仿真测试，最后到效能评估和数据资源存储。

（1）采集需求：采集不同层级的指挥人员和受训人员对模拟训练系统的功能需求，制定采集模板，下发到各个相关部门，从不同角度对需求进行全面定义，从很多需求之中真正凝练出本质的需求。但各需求之间存在矛盾，用 TRIZ 进行需求矛盾分析，确定出可行的需求，提高需求的精准度和可行性。

（2）体系建模：根据需求采集工具输出的结果，进行系统体系结构描述与建模，明细系统的部署以及子系统之间的通信连接。同时，在建模阶段，引入工业工程方法，在仿真的初始阶段及早发现问题，若发现体系建模与需求存在偏差，则退回到需求管理环节进行需求的验证与优化，直至满足需求，有效减少迭代周期。

（3）仿真测试：依据军事想定制作仿真想定，进行想定编辑和合理性推演检查，设置地理环境、水文、气象环境、复杂电磁环境以及社情民情，构设各类环境特情，生成联合作战场景下的战场环境。基于想定，将复杂系统数字模型在分布式仿真工具软件上异构互联，模拟陆、海、空、电磁等军事实体的运动模拟和作战状态，获取近似真实作战环境下的交互信息和数据流，为系统评估提供数据支撑。

（4）效能评估：对仿真数据进行态势复演和视频复演，复演战斗实时过程中记录的作战过程数据，将整个作战实施过程进行复盘播放。为对抗双方的人员、武器、综合指数等数据进行统计、分析和显示，为指挥作用训练和综合对抗训练分别建立评估指标体系，结合实际选用对应的训练效果评估算法或训练成绩综合评定算法来完成评估工作。可对综合电磁环境逼真度评估，支持对抗效果实时裁决和训练结果的综合分析，支持形成训练评估报告。

（5）数据资源管理：对仿真测试数据和其他有关数据进行统一归档和管理，并进行模块化操作，形成地理信息数据、气象水文数据、复杂电磁环境数据、方案数据、演练机构数据等仿真资源，为参训部队、武器装备研制、作战编组和评估规则等提供训练资源，并支持仿真资源与训练资源的增、删、改等操作。

5.2.5.4 解决方案

基于复杂系统创新平台完成电子对抗训练系统的研制。通过平台的需求管理工具将各层级人员对模拟训练平台的需求进行采集和管理，按照条目化管理，避免需求遗漏。我军对电子对抗训练系统需求很急迫，针对不同的训练任务要按阶段进行需求管理，平台提供需求按照版本管理，确保完成不同阶段的训练任务。在建模阶段通过工业工程方法进行系统评价，出现问题从需求端进行迭代，减少了仿真环节的迭代，从而缩短迭代周期。

电子对抗各种装备的操作训练，变成操作和战术结合的综合训练。真正的电子对抗要考虑对方攻击，我方对抗，如何对装备指挥，协同实现反干扰，反压制。通过复杂系统创新平台和分布式数据中间件的有效结合，支持实装系统和各类异构平台的接入，实现不同开发商的模拟训练系统并行开发，缩短研发周期。采用仿真工具建立了调试系统与各家模拟器连接调试，实现系统调试与平台开发并行进行。

5.2.5.5 方案成效

系统研制完成后，可实现我军电子对抗群指挥员和指挥机关全员到基地组织指挥训练位基本训练内容的成体制、成建制组训，逐步实现全流程、全要素的组训体系。其研究成果可由基地部队逐步向全军推广，为电子对抗指挥模拟训练领域提供技术积累，实现符合我军一体化的联合电子对抗训练体系，从而提高了电子战装备的信息综合能力和快速反应能力提供支撑，为实现中国强军目标打下更为扎实的前进基础。该系统的成果研制不仅具有重大的军事和经济效益，而且具有广阔的军事前景。

参考文献

[1] 罗心红 . TRIZ 理论在智能手机技术创新中的应用研究 [D]. 杭州：浙江工业大学，2005：8 ~ 18.

[2] 檀润华，王庆禹，苑彩云，等 . 发明问题解决理论：TRIZ_ TRIZ 过程、工具及发展趋势 [J]. 机械设计，2001 (7)：8 ~ 9.

[3] 王子才 . 仿真科学的发展及形成 [J]. 系统仿真学报，2005 (6)：1279 ~ 1281.

[4] 陈劲，童亮，龚焱 . 复杂产品系统创新评估指标体系研究 [J]. 研究与发展管理，2003 (4)：60 ~ 63.

[5] 刘晓平，唐益明，郑利平 . 复杂系统仿真对复杂系统研究与创新的意义 [C]. 节能环保和谐发展——2007 中国科协年会论文集（一），2007：1 ~ 10.

[6] 史修文 . 工业工程方法在 A 公司生产效率改善中的应用 [J]. 东华大学，2015：6 ~ 15.

[7] 王宏起，林艳 . 基于 TRIZ 理论的高新技术企业创新原理研究 [J]. 科技进步与对策，2010 (9)：74 ~ 75.

[8] 张召珍 . 基于复杂系统的企业技术创新模式演化研究 [D]. 长春：吉林大学，2013：11 ~ 20.

[9] 侯彦庆 . 计算机仿真技术的应用与发展趋势 [J]. 信息通讯，2016 (2)：181 ~ 182.

[10] 徐德辉，胡磊，翟俊涛，等，军事仿真技术的应用及发展趋势初探 [C]. 通信理论与技术新进展——第十三届全国青年通信学术会议论文集（上），2008：619 ~ 621.

[11] 赵晓哲，郭锐 . 军事系统的研究与复杂性科学 [J]. 军事运筹与系统工程，2006 (2)：4 ~ 6.

[12] 李滨虎 . 流程工业生产调度仿真方法研究 [D]. 济南：山东大学，2006：6 ~ 43.

[13] 罗文泉，叶双 . 模型实验的相似方法 [J]. 工业加热，1999 (1)：17 ~ 19.

[14] 梁向阳 . 系统仿真基础与计算机实现 [M]. 西安：西北工业大学出版社，2011.

[15] 范钺，陈锐 . 管理学原理 [M]. 西安：电子科技大学出版社，2009.

[16] 刘瑞叶 . 计算机仿真技术基础 [M]. 北京：电子工业出版社，2004.

[17] 皮成功，别超，侯光明 . 创新方法的综合评价及应用决策的实证研究 [J]. 中国科技论坛，2011 (5)：15 ~ 20.

[18] 刘晓平，唐益明，郑利平 . 复杂系统与复杂系统仿真研究综述 [J]. 系统仿真学报，2008 (23)：6304 ~ 6306.

[19] 张爱琴，侯光明 . 创新方法研究的比较分析与发展趋势——基于多学科视角 [J]. 北京理工大学学报，2014 (2)：758 ~ 763.

[20] 张磊 . 基于 TRIZ 理论的工业设计创新方法研究 [C]. 石家庄：河北工业大学，2007：6 ~ 15.

[21] 张简一，郭艳玲，杨树财，等 . 基于 TRIZ 理论的产品创新设计 [J]. 机械设计，2009 (2)：35 ~ 38.

[22] 郭新宝 . 制造创新方法链中市场创新、技术创新与管理创新三维协同研究 [J]. 科技进步与对策，2014 (10)：15 ~ 18.

[23] 徐淑琴 . 企业应用创新方法成效的模糊综合评估模型及实证分析 [J]. 科技管理研究，

2016（6）：79～84.
[24] 张利华，肖健．企业技术创新方法应用成效评估指标体系研究［J］．企业之窗，2011（27）：1～4.
[25] 代冀阳，殷林飞，彭琛，等．TRIZ理论在电子技术领域的应用与研究［J］．信息通信，2014（5）：12～14.
[26] 胡剑文．武器装备作战能力指标的探索性分析与设计［M］．北京：国防工业出版社，2012.
[27] 胡剑文．作战仿真实验设计与分析［M］．北京：国防工业出版社，2010.
[28] 宋春立．工业工程及其在我厂的应用——工序分析［J］．机械工艺师，1990（9）：2～7.